Gabriella Kranke

Tauschen wir?

Ein starkes Leben statt ein schwaches Leben

Gabriella Kranke

Tauschen wir?

Ein starkes Leben statt ein schwaches Leben

Rediroma-Verlag

Bibliografische Information der Deutschen Nationalbibliothek:
Die Deutsche Nationalbibliothek verzeichnet diese Publikation in der Deutschen Nationalbibliografie; detaillierte bibliografische Daten sind im Internet über http://portal.dnb.de abrufbar.

ISBN 978-3-96103-646-2

www.rediroma-verlag.de
12,90 Euro (D)

Die Bibelzitate sind, wenn nicht anders vermerkt, aus nachfolgenden Bibelübersetzungen entnommen:

Hoffnung für Alle -Die Bibel
1. Auflage der revidierten Fassung
Brunnen Verlag Basel, 2002

Elberfelder Bibel
1. Auflage der Großausgabe 2006
(TS Nr. 22)

Neue Genfer Übersetzung
1. Auflage 2011 Deutsche Bibelgesellschaft

Tauschen wir?

Die Inspiration zu diesem Buch und dem Titel erhielt ich vor einigen Jahren, als ich mit meiner vierjährigen Nichte an einem schönen sonnigen Nachmittag zum Spielplatz ging. Auf dem Heimweg kamen wir an einem Wirtshaus vorbei und dort holten wir uns ein Eis.
Die Sonne lies das Eis schneller schmelzen als es meine Nichte Evelyn schlecken konnte und das Eis ronn schon an ihren Ärmchen runter. Da fragte ich sie, ob ich es rasch rundum für sie abschlecken dürfte und sie gab mir ihr Eis ganz bereitwillig. Als ich es ihr wieder zurückgeben wollte, fiel das Eis zu Boden. Ich hob es schnell auf und versuchte zu retten was zu retten ging, dann streckte ich es ihr wieder entgegen. Sie betrachtete es ein wenig skeptisch, dann blickte sie mein Eis an und fragte mich in ihrer kindlichen Naivität: „Tauschen wir?" Und selbstverständlich tauschte ich mit ihr.

Mit einem Mal erkannte ich, dass Gott durch Seinen Sohn Jesus Christus genau diesen Tausch jedem Menschen anbietet. Sein Leben gegen meins. Auf genau diese kindlich einfache, unkomplizierte Art und Weise. Deshalb hat Jesus gesagt: „Wenn ihr nicht werdet wie die Kinder, könnt ihr nicht zu mir kommen."

Es ist so einfach, dass ich es schon fast nicht wahrhaben kann, dass es nichts von meiner Seite bedarf und ich im Gegenzug für dieses Vertrauen alles von Jesus Christus erhalte, wofür Er ans Kreuz gegangen ist. Ein genialer Tausch, wie ich finde.

Einleitung

Ob jemand einen aktiven Glauben lebt oder nur meint ein „Christ" zu sein, wird durch die unterschiedlichsten Bereiche des Lebens in den einzelnen Kapiteln beleuchtet.

Lebe ich nach meinem Verständnis von Glauben oder lasse ich mich tatsächlich durch die Führung des Geistes Gottes leiten und lebe nach Seinem Willen?

Wir beten „Dein Wille geschehe", aber lassen wir zu, dass Sein Wille wirklich geschieht? Kennen wir Seinen Willen für unser Leben?

Ich möchte dem Leser praktische und lebendige Anregungen geben, wie jeder Einzelne selbst entscheiden kann, ob er die Hilfe Gottes in seinem Leben zulässt. Oder ob er weiterhin „das Evangelium nach Tradition" lebt, indem er seinen anerzogenen Glauben nicht hinterfragt und im mittelalterlichen „Christentum" gefangen bleibt. Oder ob er den unfassbaren Tausch, den Jesus jedem Menschen anbietet, annimmt. Denn schließlich geht es Gott nur darum, dass Seine „Kinder" wieder eine lebendige Beziehung zu ihm haben, durch den auferstandenen, Leben spendenden Gott - Jesus Christus.

Ohne Ihn gäbe es keine Freiheit, keine Gerechtigkeit, keinen Wohlstand, kein ewiges Leben.

Ich zeige auf, wie jeder Mensch durch Jesus Christus eine lebendige Gemeinschaft, ja eine echte Beziehung mit Gott als liebenden Vater erleben kann. Welchen Vorteil diese

Verbindung mit Ihm jetzt schon während seines irdischen Lebens hat und was es mit diesem Tausch auf sich hat.

Bei diesem Tausch erhältst du all das Gute, was du nicht verdient hast, weil Jesus an deiner Stelle all das Übel auf sich genommen hat, was Er nicht verdient hat.

Am Ende dieses Buches habe ich für viele verschiedene Lebensumstände biblisch fundierte Wahrheiten hinzugefügt. Es sind „lebenspendende Worte - Verse", die, wenn du sie regelmäßig für deine jeweilige Lebenssituation wiederholt aussprichst, in der du dich gerade befinden magst, unvorstellbar positive Veränderungen hervorbringen. Vergiss nicht: Gott möchte dein Leben positiv verändern und Er wird Sein Wort, das du immer wieder aussprichst, bestätigen.

Such dir den Vers aus, der gerade zu deinem Leben passt und lass dich überraschen, wie Gott einen super Tausch mit dir macht.

Zeugnisse aus meinem persönlichen Leben

Meinen besten Tausch habe ich vor vielen Jahren gemacht, als ich das Leben Jesu gegen das meine getauscht habe. Als unfassbares Resultat erhielt meine Tochter nach einigen Jahren völlige Heilung von Epilepsie. Wir haben unaufhörlich den Vers der Heilung über sie ausgesprochen aus Matthäus 8:17, nämlich, dass sie durch Jesu Striemen geheilt ist.

Es war nicht so, dass die Anfälle sofort weg waren, aber Gott wirkt im unsichtbaren Raum, sozusagen hinter den Kulissen. Und es dauerte einige Jahre, bis ihre vollständige Heilung wirksam war. Du magst vielleicht denken, oh Gott, Jahre hat das gedauert! Ja, es hat Jahre gedauert. Aber wenn du aus ärztlicher Sicht ohnehin keine Aussicht auf Heilung hast, dann spielt es doch keine Rolle, ob es Stunden, Tage, Wochen oder Jahre dauert, du hast ja keine Alternative, außer Jesus zu glauben. Wenn du dann für den Rest deines Lebens geheilt bist, hat sich doch jedes einzelne Jahr des Wartens ausgezahlt, oder?

Im Übrigen heißt das nicht, dass es bei dir auch Jahre dauert, bis du deine Heilung erfährst. Es ist dein Glaube, der sich bei jedem anders, sofort, nach ein paar Minuten, Stunden, Tagen, Monaten oder wann auch immer, mit der Wahrheit über Heilung plötzlich verbindet und in genau dem Moment findet der Tausch statt: Krankheit gegen Gesundheit.

Wir haben diesen Tausch an ihr erfahren dürfen, preis dem Herrn Jesus, wir sind dafür dankbar. Gott hat Sein Wort bestätigt und erfüllt, geheilt ist geheilt.

Ebenso habe ich völlige Heilung von Depression erhalten und auch ich habe ständig diverse Verse über Heilung, Frieden und Ruhe über mich ausgesprochen.

Beide dieser Krankheiten gelten laut Ärzten als unheilbar, aber bei Gott gibt es „unheilbar" nicht, sonst wäre Jesus am Kreuz für uns umsonst gestorben und hätte all das Leid umsonst auf sich genommen.

Glaube spricht! Sprich! Worte des Glaubens heilen dich, auch heute noch! Wo Ärzte dich aufgeben, da fängt Gott an zu wirken, denn es heißt in der Bibel: „Er sandte sein Wort und heilte sie". Tausch die Krankheit, Gebundenheit, Sucht, Unvergebenheit, Depression ... gegen Gesundheit, Heilung, körperliches und seelisches Wohlbefinden ein, durch Sein Erlösungswerk, indem du es für dich ganz persönlich annimmst und Jesus Christus als deinen Erlöser einlädst.

Wie das geht steht auf der Seite 83: „Gebet zur Errettung".

Inhaltsverzeichnis

Kapitel 1

Tausche falschen Glauben gegen richtigen Glauben

Richtiger Glaube bringt richtige Ergebnisse hervor

Ich muss den Willen Gottes kennen, damit ich weiß, wie Glaube wirksam wird und wie ich ihn anwenden und leben kann. Wenn ich Gottes Willen kenne, dann kann ich ihn in meinem Leben anwenden und befreit durch Jesus Christus meine Begabungen und Talente entfalten und einsetzen, damit sie mir und vielen anderen Nutzen bringen.

Es nützt mir herzlich wenig, wenn in meiner Garage ein toller Wagen steht, aber ich keine Ahnung von der Gebrauchsanweisung, sprich Führerschein habe. Deshalb werde ich ihn keinen Millimeter vom Fleck bewegen. Wie ich Glauben anwende steht nun mal ausschließlich in der Bibel und nur, wenn ich sie lese und mich mit dem Wort Gottes auseinandersetze, mich belehren lasse, wie ich diese Gebrauchsanweisung für die heutige Zeit aus Glauben umsetzen kann, dann kann ein Austausch stattfinden. Denn wenn ich das Richtige glaube, was die Bibel über mich, den Sohn Gottes sagt, dann kann ich auch richtig, der Wahrheit entsprechend leben.

Jesus führt den von „oben wiedergeborenen Menschen" über sein Herz. Er hat mir Seine Gebote in mein Innerstes hineingelegt. Wenn ich mich durch Seinen Geist leiten lasse, brauche ich diese Vorschriften und Regeln nicht mehr, dann wird das, was richtig ist, aus Seiner Gnade aus mir hervorkommen und für das, was ich noch falsch mache, gibt es noch mehr Gnade!

Jesus Christus hat mir keine Regeln und Vorschriften gegeben, damit ich es schwer habe. Vielmehr hat Er alle für mich erfüllt, mich von ihnen befreit, damit ich es einfach habe und befreit das Leben genießen kann. Er schreibt sie mir direkt ins Herz, damit ich sie aus freiem Willen halten kann und dafür schenkt Er mir auch noch seine Gnade, damit ich überhaupt in der Lage bin, sie zu halten.

Hier hat ein Tausch stattgefunden!
Die Forderungen des Gesetzes sind gegen den Glauben an die Gerechtigkeit, die durch Jesus Christus kommt, getauscht worden.

Matthäus Kapitel 15 Vers 6

> **„Ihr hebt das Wort Gottes um eurer Überlieferungen (Traditionen) willen auf! Ihr macht es ungültig, kraftlos, wirkungslos, nutzlos!"**

Wenn ich mich noch mit Traditionen und alten religiösen Vorschriften identifiziere, sie ausübe, dann mache ich das Wort Gottes, das Erlösungswerk Jesu ungültig. Dann bin ich noch nicht ER-LÖST! Dann habe ich nicht getauscht. Wenn ich noch versuche, Gebote aus meiner Kraft heraus zu halten, indem ich mich abmühe „gut zu sein", dann habe ich Seine Tat, Sein Werk zunichte, ungültig, wirkungslos gemacht. Dann habe ich mich nicht beschenken lassen.

Wenn ich wirklich befreit sein will, zum Leben befreit, dann muss ich mein „altes Ich" sterben lassen und Jesus Christus Herrn meines Lebens sein lassen dürfen, sonst funktioniert dieses „neue Leben" in Christus nicht bzw. nur zu einem sehr unbefriedigenden Maß. Je mehr Er „tun" darf, desto besser kommt Sein Plan für mein Leben hervor. Übrigens der beste Plan für mich.

Durch Seinen Tod ist meine alte gefallene Natur gestorben.

Hier hat ein Tausch stattgefunden!
Ich habe durch Seine Auferstehung eine neue Natur, eine göttliche Natur erhalten und alles was Jesus hat, gehört jetzt auch mir.

Das ist der Sinn eines Bundes, eines Blutbundes, den Jesus stellvertretend für mich mit Gott geschlossen hat. Er gibt mir Seine Eigenschaften in mein Innerstes: - Weisheit - Liebe - Gnade - Barmherzigkeit - Güte - Treue - Mut - Kühnheit - Sanftmut - Geduld - Wohlstand - Gesundheit - Frieden - Ruhe.

Er spricht durch Seinen Geist zu meinem Herzen und ich erkenne immer mehr, wie ich diese Schätze, diese Begabungen freisetzen und anwenden kann. Ich muss mein Ego sterben lassen, immer mehr wegschauen von mir und mehr und mehr auf meinen Nächsten achten, nach seinen Bedürfnissen Ausschau halten und so kommt allmählich Gottes Natur in mir hervor.

Das ist am Anfang nicht so einfach, doch es klappt mit jedem Mal immer besser. Wenn ich erst einmal erfolgreich damit war, dann gebe ich Ihm mehr und mehr die Chance, dass Er mich führen darf. Das erfreut nicht nur mich, sondern auch Gott.

Römer Kapitel 4 Vers 7

> **„Glücklich ist der Mensch, dem Gott seine Sünden nicht anrechnet."**

Im neuen Bund bin ich Sohn oder Tochter, kein Sünder!!!

Jesus Christus hat auch die Strafe schon bezahlt, damit mich der Zorn Gottes nicht mehr treffen kann. Den zornigen Gott, wie er im Alten Bund beschrieben ist, gibt es für mich als Gläubigen des Neuen Bundes nicht mehr.

Hier hat ein Tausch stattgefunden!

Mein Gott ist ein Gott des Friedens, der Güte, der Barmherzigkeit, der Gnade und der Liebe.

Nur wer das Richtige glaubt kann richtig leben. Ich konnte nichts dazu beitragen, richtig, sprich gottgefällig zu leben. Ebenso wenig kann ich durch falsche Taten diese Gerechtigkeit wieder verlieren. Selbst wenn anfangs meine Taten, Gefühle oder Gedanken noch nicht mitmachen wird es mir nicht angerechnet. So vollkommen ist die Gerechtigkeit, die ich durch Jesus Christus habe beziehungsweise bin! Denn alle Schuld, Fehler, Sünde, Ungerechtigkeit oder Versagen ist Jesus am Kreuz angerechnet worden, deshalb bin ich ja als „neue Schöpfung" jetzt davon befreit.

Weil Er für mich richtig gehandelt hat, wird es mir so angerechnet, als ob ich es selbst getan hätte.

Hier hat ein Tausch stattgefunden!
Unrecht gegen Gerechtigkeit, denn das Unrecht, das Jesus angetan wurde, hat Er nicht verdient und ich habe Seine Gerechtigkeit ebenso wenig verdient. Ich habe sie geschenkt bekommen, aus Gnade.

Galater Kapitel 3 Vers 12

> **„Das Gesetz aber fragt nicht nach dem Glauben."**

Dieser Satz hat mich, als er mir so richtig klar wurde, schockiert! Gib dir das mal, das Gesetz ist am Glauben überhaupt nicht interessiert, dem Gesetz ist dein Glaube vollkommen egal. Wenn es aber beim Gesetz nicht um den Glauben geht, worum geht es dann überhaupt? Oder anders gefragt, warum gibt es das Gesetz eigentlich noch? Warum wurde es überhaupt gegeben?

„Nur wer die Forderungen des Gesetzes erfüllt, wird leben."

Niemand ist dazu in der Lage! Kein Mensch konnte oder kann die Forderungen des Gesetzes erfüllen.

Es wurde nur gegeben, damit der Mensch erkennt, dass er einen Erlöser braucht. Wenn du sagst, du liebst deinen Nächsten, aber du vergibst deinem Bruder nicht, was er dir vor drei Jahren angetan hat, dann bist du laut Gesetz ein Mörder und du brauchst einen Erlöser. Wenn du deine Ehefrau noch nie betrogen hast, aber im Internet regelmäßig lustvoll Nacktfotos anschaust, dann hast du laut Gesetz die Ehe gebrochen und du brauchst einen Erlöser. Wenn du deinem Nächsten etwas Gutes hättest tun können, aber es nicht getan hast (z. B. jetzt habe ich keine Zeit für sowas, oder aus welchen Gründen auch immer), dann hast du das Gesetz gebrochen, und spätestens hier versagt auch der Beste unter uns! Und du brauchst einen Erlöser. Aber Gott sei Dank, vom Fluch des Gesetzes hat mich Christus erlöst.

„Der Gerechte aber wird durch Glauben leben!“

Durch Glauben an Jesus Christus bin ich errettet und gerecht gemacht. Die Gerechtigkeit, die ich durch das Erlösungswerk als Geschenk hinzugefügt bekommen habe, ist genauso ein Automatismus wie die Errettung selbst. Jeder, der Jesus Christus als seinen Erretter annimmt, ist ein Gerechter geworden. Das heißt, meine neue Natur drückt sich durch den Sinn Christi, durch Seine Denkweise aus, so wie Jesus Christus denkt. Ich kann jetzt über diese Dinge so denken wie Er denkt.

Das ist deshalb so eklatant wichtig, damit ich nach meiner Errettung nicht mehr angeklagt werden kann, wenn ich noch im Fleisch oder in Gedanken einen Fehler mache. Und da ja bekanntlich niemand vollkommen fehlerlos ist, muss ich unbedingt wissen und verinnerlichen, dass ich bereits gerecht gemacht bin, durch Jesus Christus.

Wenn ich weiß, was zur Errettung automatisch dazu gehört, dann ist das eine erfreuliche Botschaft, eine frohe Botschaft. Jesus Christus hat uns aufgefordert, Seinem Beispiel zu folgen und diese frohe Botschaft zu verkünden. Er hat uns ebenso die gute Nachricht hinterlassen, dass wir uns durch Ihn mit dem Vater, mit Gott, versöhnen lassen sollen. Mit diesem gerechten, liebenden Gott-Vater lasse ich mich gerne durch Jesus Christus versöhnen.

Geschenkte Gerechtigkeit! Deshalb ist sie ja so gerecht, diese von Gott gegebene Gerechtigkeit, weil sie geschenkt wird, dem, der sie sich schenken lässt! Ich muss sie mir nicht erst durch irgendwelche guten Taten oder durch gutes Benehmen verdienen. Gott hat sie jedem zur Verfügung gestellt, der daran glaubt.

Römer Kapitel 3 Vers 22

> **„Gott spricht jeden von seiner Sünde frei und nimmt jeden an, der an Jesus Christus glaubt. Nur diese Gerechtigkeit lässt Gott gelten."**

Kann es da noch Sünde geben, wenn ich Jesus Christus angenommen habe und Ihm glaube?

Keiner kommt in die Hölle aufgrund einer sündigen Tat. Die einzige Sünde, die Gott nicht vergibt ist, wenn jemand Seinen Sohn Jesus Christus als Erretter ablehnt.
Das ist die einzige Sünde, die vor Gott noch zählt!!!

Römer Kapitel 3 Vers 26

> **„Jetzt aber vergibt er ihnen ihre Schuld und erweist damit seine Gerechtigkeit. Gott allein ist gerecht und spricht den von seiner Schuld frei, der an Jesus Christus glaubt."**

Könnte ich mir diese Gerechtigkeit durch gute Werke oder gutes Verhalten verdienen, dann wäre der Glaube außer Kraft gesetzt, denn dann könnte ich mich durch die Erfüllung des Gesetzes selbst erretten bzw. gerecht sprechen.

Aber wie schon erwähnt, der Gerechte wird aus Glauben leben, nicht aus Werken und nicht aus bravem Benehmen.

Ich bin auch aufgrund irgendwelcher Leistungen nicht gerechter als ein anderer, der diese Leistungen nicht erbringt. Ja, stell dir vor, ich stehe vor Gott kein bisschen besser da, wenn ich am Tag zwei Stunden bete, als der, der nur zwei Minuten am Tag betet. Soll das heißen, es hat keine Auswirkungen, wenn einer mehr betet? Mit Sicherheit hat es für mich persönlich eine auferbauende, positive Auswirkung, wenn ich es mit hingegebenem Herzen tue. Ich werde den Nutzen daraus auch hier, während meines irdischen Lebens genießen können. Gott ist in jeglicher Hinsicht gerecht, aber es macht mich nicht heiliger, denn das wäre Selbstgerechtigkeit.

Meine Begabungen sind von Gott. Nun kannst du einwenden, dass auch Menschen, die nicht an Gott glauben, Begabungen haben, mit denen sie erfolgreich sind und durch Fleiß viel erreichen können. Das ist tatsächlich so. Doch diese Menschen müssen alles aus eigener Anstrengung tun. Der Glaubende jedoch hat noch einen Vorteil. Er hat auch Gunst. Gunst ist ein unverdientes Geschenk, das Türen öffnet, wo es aus natürlicher Sicht keine Möglichkeit zu geben scheint. Ich aber bekomme immer wieder neue Möglichkeiten und Gelegenheiten durch Gunst, die mir mein himmlischer Vater vorbereitet, wenn ich Ihn um etwas bitte. Dann kann ich mit meinen Begabungen hindurchgehen und Ziele erreichen, die ich mir gewünscht habe und aus eigener Kraft nicht geschafft hätte.

Ich bin erfolgreich, weil ich mit Gott eine Beziehung habe. Der Schlüssel zum Erfolg ist, in einer engen Beziehung mit Gott zu leben. Aber ich suche nicht Erfolg oder Dinge, ich suche immer in erster Linie Gott, eine enge Beziehung mit meinem himmlischen Vater.

Matthäus 6:33

> **„Trachtet immer zuerst was von mir und was von oben ist, nach meiner Gerechtigkeit und alles andere werde ich dir hinzufügen."**
>
> **„Ich bin gekommen, damit ihr Leben habt und es in Fülle und Überfluss habt."**

Gott wünscht sich, dass ich mich nach Ihm ausstrecke, Ihn suche, Seine Gemeinschaft mit Ihm pflege, wie mit guten Freunden, und dass ich Seine Gerechtigkeit anerkenne und dann wird Er mich reichlich mit allen Segnungen beschenken.

Eltern möchten auch gerne mit ihren Kindern Zeit verbringen und nicht nur besucht werden, wenn sie etwas brauchen.

Zum Leben hat mich Jesus Christus befreit!

Wenn ich das weiß, macht es in meinem Leben schon einen Unterschied, ob ich diesen Tausch angenommen habe und jetzt danach lebe oder nicht!

Kapitel 2

Der grandiose Tausch:
Das Gesetz kam durch Mose - Gnade kommt durch Jesus

Das Gesetz macht mich weder heilig noch kann es mich erlösen.

Da, wo es noch ein Gesetz gibt, wird es auch immer eine Übertretung des Gesetzes geben.

Gott hat uns durch das Gesetz gezeigt, wie ein Leben nach Seinem Maßstab sein soll. Gleichzeitig hat Er uns genau durch dieses Gesetz erkennen lassen, dass niemand auf dieser Welt in der Lage ist, dieses Gesetz zu erfüllen.

Warum also hat Er es gegeben? Er wollte, dass der Mensch wieder in eine enge Beziehung mit seinem Schöpfer treten kann. So hat Er es von Anfang an geplant. Es sollte jedoch aus freiem Willen entschieden werden. Um hierfür eine gerechte Grundlage zu schaffen, musste Er einen Weg finden, der für jeden zugänglich ist.

Da nun das Gesetz dermaßen anspruchsvoll ist, damit es eben niemand aus eigener Kraft halten und sich niemand selbst rühmen kann, musste es jemand an unserer statt erfüllen.

Ein Stellvertreter musste kommen, der würdig war diese Position einzunehmen, und das war Jesus Christus. Gott selbst, der in Gestalt eines Menschen auf die Erde kam, um dieses Werk für uns zu vollbringen.

Jetzt war die gerechte Grundlage geschaffen für eine Entscheidung, die jeder Mensch selbst in seinem Leben treffen kann, ob er nun weiterhin durch das Gesetz vor Gott bestehen will (und das kann niemand) oder durch Gnade, die nur durch Jesus Christus kommt.

Johannes Kapitel 1 Vers 17

> **„Denn das Gesetz wurde durch Mose gegeben; die Gnade und die Wahrheit ist durch Jesus Christus geworden."**

Galater Kapitel 3 Verse 10-13

> **„Denn alle, die aus Gesetzeswerken sind, die sind unter dem Fluch; denn es steht geschrieben: Verflucht ist jeder, der nicht bleibt in allem, was im Buch des Gesetzes geschrieben ist, um es zu tun! Dass aber durch Gesetz niemand vor Gott gerechtfertigt wird, ist offenbar, denn der Gerechte wird aus Glauben leben."**

Also lebe ich entweder nach dem Gesetz, dann habe ich den Fluch an der Backe, oder ich lebe aus Glauben an Jesus Christus, dann darf ich den Segen und die Gnade genießen.

Warum wollen wir dann noch Werke tun?

Das Fleisch liebt es nach Anleitung zu handeln, denn es will Werke tun, die man dann begutachten und sagen kann, hab' ich das nicht toll hingekriegt. Wir lechzen nach sichtbarer, hörbarer Anerkennung. Wir möchten uns unserer Werke rühmen. Solange wir noch etwas für Gott tun, solange kann Er nichts für uns tun, denn dann erhält immer noch der Mensch die Ehre und nicht Gott. Was auf der Erde gebunden ist, ist auch im Himmel gebunden, und was auf der Erde gelöst ist, das ist auch im Himmel gelöst. Wenn das Fleisch handelt ruht Gott. Wenn Gott handelt, kann ich ruhen.

Was also ist das Gesetz? Werke tun, ich tue es. Was ist Gnade? Du hältst still und Gott tut es.

Solange ich nicht loslasse von meinen Werken, meinem Tun, sind Gottes Hände gebunden und ich kann die Lösung nicht bekommen. Die Versuchung ist, immer etwas tun zu wollen. Je mehr ich mich aber unter die Gnade begebe, desto mehr kann Gott mich führen. Loslassen ist die Lösung. Vertrauen, dass Gott es kann und will.

Gesetz und Gnade lassen sich nicht mischen. Gott hasst es übrigens, wenn wir mischen. Dafür gibt es zahlreiche Bibelverse, wie z. B. **„füllt keinen neuen Wein in alte Schläuche"** oder **„näht keinen neuen Flicken auf ein altes Kleid"** usw. Wenn ich mich unters Gesetz begebe, bedeutet dies Fluch. Dann kann ich von Gott nichts hören. Ich bin aus der Gnade gefallen. Dann habe ich mich wieder unter den Alten Bund begeben. Wenn ich handle bin ich im Mittelpunkt und nicht das, was Jesus getan hat.

Galater Kapitel 4 Verse 22-23

> **„Abraham hatte zwei Söhne: einen von der Sklavin Hagar und einen von seiner Frau Sara, die als Freie geboren war. Der Sohn der Sklavin wurde geboren, weil Abraham endlich einen Sohn haben wollte, der Sohn der Freien dagegen, weil Gott ihn versprochen hatte."**

Der Sohn der Sklavin wurde aus fleischlicher Ungeduld gezeugt = das ist ein Werk, man nennt es auch Werksgerechtigkeit oder Eigenleistung.

Der Sohn der Freien, seiner Ehefrau, wurde aufgrund einer Verheißung gezeugt = aus Gnade, man nennt das Glaubensgerechtigkeit.

Ich bin ein freier Sohn, aus Gottes unvergänglichem Samen geboren durch Jesus. Ich habe dieses neue, freie Leben als Gnadengeschenk erhalten, als ich Jesus Christus zum Herrn meines Lebens eingeladen habe.

Galater Kapitel 5 Vers 4

> **„Wenn du aber durch das Gesetz vor Gott bestehen willst, dann hast du dich von Christus losgesagt und Gottes Gnade verspielt."**

Wenn ich durch die Erfüllung des Gesetzes Gottes Segnungen erhalten könnte, dann wäre der Glaube außer Kraft gesetzt und die Segnungen würden aufgehoben. Noch deutlicher wird es im:

Römerbrief Kapitel 4 Vers 14

> **„Würde dagegen die Zusage für die gelten, die sich auf die Erfüllung des Gesetzes verlassen, dann wäre der Glaube außer Kraft gesetzt und Gottes Versprechen würde aufgehoben."**

Unter wessen Herrschaft ich mich begebe dessen Diener bin ich. Wem diene ich? Dem Gesetz, das mir den Tod bringt? Oder begebe ich mich unter Gnade, die mir das Leben schenkt?

Hier hat ein Tausch stattgefunden!
Gesetz gegen Gnade.

An einer Stelle im Alten Bund sagt Gott: **„Heute lege ich vor dich Fluch oder Segen, Tod oder Leben und ich rate dir, wähle das Leben."** Im Alten Bund mussten die Menschen unentwegt etwas leisten, etwas opfern, um Gott zu gefallen oder sich Ihm nähern zu dürfen. Das Prinzip war: Du musst dies tun, du musst das tun, tun, tun, tun.

Im Neuen Bund spricht Gott: „Ich werde tun, ich werde tun, ich werde tun." Lass es einfach Gott tun. Glaube einfach, dass Er es weit besser tun kann als du.

Hier hat ein Tausch stattgefunden!
Werksgerechtigkeit gegen Glaubensgerechtigkeit.

Hebräer Kapitel 8 Vers 12

> **„Ich vergebe ihnen ihre Schuld und denke nicht mehr an ihre Sünden."**

Du rufst hiermit die Menschen dazu auf, dass sie sündigen können wie sie wollen, Gottes Gnade ist so groß, er vergibt uns alles. - Nein, das tue ich ganz gewiss nicht! Wenn die Gnade Gottes in meinem Herzen ist, dann kann und will ich nicht mehr sündigen! Er verändert eben durch diese Gnade mein Herz so sehr, dass ich gar nicht mehr sündigen mag, nicht will und schließlich nicht mehr kann.

Deshalb hat Er mir ja diese Gnade zur Verfügung gestellt, denn durch diese Gnade kann Er es tun. Er kann das Wollen und Vollbringen noch über mein Wollen hinaus verändern. Wenn ich es zulasse, kann Gott mich verändern, durch Sein Wort. Deshalb spricht die Bibel so oft davon, erneuert euren Sinn, das heißt, mein Denken. Wenn ich mich im Wort Gottes aufhalte, verändert Gott mein Denken.

Sollte ich allerdings weiterhin jahrelang in den gleichen Abhängigkeiten leben und ständig die gleichen sündigen Handlungen tun wie vorher, dann ist meine Errettung ziemlich fragwürdig. Mit dieser göttlichen Eigenschaft in mir, der Gnade, kann Gott mich verändern. Er verändert meine Wünsche. Er verändert meine Begierden. Er verändert mein Verlangen.

Wenn früher ein König jemanden begnadigt hat, dann hat er ihn von einer Anklage freigesprochen, egal wie diese auch lautete.

Gott hat mich begnadigt. Ich bin freigesprochen von meiner gefallenen Natur. Ich habe jetzt Seine göttliche Natur in mir. Ich bin freigesprochen von Krankheit, ich habe jetzt Gesundheit in mir. Ich bin freigesprochen von Armut, ich habe jetzt Wohlstand in mir. Ich bin freigesprochen von Sünde, ich habe jetzt Gerechtigkeit in mir. Ich bin freigesprochen von Furcht und Angst, ich habe jetzt Mut und Zuversicht in mir. Ich bin freigesprochen von Niederlage, ich habe jetzt Freude in mir. Ich bin jetzt frei von Hass, ich habe jetzt Liebe in mir.

Hier hat ein Tausch stattgefunden!
Allerdings muss ich mich täglich aufs Neue dafür entscheiden, diesen Weg mit Christus gehen wollen zu mögen!

Römer Kapitel 6 Vers 14

> **„Die Sünde hat ihre Macht über dich verloren. Denn du bist nicht länger an das Gesetz gebunden, sondern du lebst von der Gnade Gottes."**

Dieses Druckmittel, das Gesetz, hat Jesus Christus für mich beseitigt. Er hat es an das Kreuz genagelt, als Er damit in die Hölle ging und dort den finsteren Mächten und dem Teufel zeigte, was Er getan hat. Da erst begriffen sie, was geschehen war. Jesus Christus hat sie entwaffnet. Die einzige Waffe, die der Teufel jemals hatte, das Gesetz, war ihm nun genommen worden. Deshalb heißt es, dass sie ohnmächtig zusehen mussten was geschehen war.

Wie lange noch lasse ich mich von einem besiegten Feind ohne Waffe terrorisieren?

Römer Kapitel 7 Vers 6

> **„Aber jetzt sind wir von diesen Zwängen frei, denn für das Gesetz sind wir tot."**

Römer Kapitel 8 Vers 2

> **„Das Gesetz des Geistes des Lebens (der Heilige Geist) hat das Gesetz der Sünde und des Todes aufgehoben durch Jesus Christus, der mir das Leben bringt."**

Hier hat ein Tausch stattgefunden!
Leben gegen Tod.

Wenn doch der Geist Gottes in mir ist, in mich eingezogen ist, in mir Wohnung gemacht hat, wie könnte da noch Raum sein für einen anderen Geist?

Der Geist des Lebens in mir ist immer stärker als der Geist des Todes. Warum? Weil der Tod besiegt ist durch Jesus Christus. Jesus Christus ist von den Toten auferstanden. Somit ist der Tod außer Kraft gesetzt. **"Tod wo ist dein Stachel?"**

Hebräer Kapitel 9 Verse 16-17

> **„Beim neuen Bund ist es wie bei einem Testament: Ein Testament wird erst eröffnet, wenn der Tod des Verfassers nachgewiesen ist. Solange er lebt, ist es ohne jede Rechtskraft. Erst durch seinen Tod wird es gültig."**

Wenn ich meinen irdischen Körper ablege, dann bin ich von einer Sekunde zur nächsten schon bei meinem himmlischen Vater. Der Tod hat an mir nichts mehr, denn ich bin in der Taufe mit Christus bereits von den Toten auferstanden, mein gefallener Geist ist gestorben, ich gehöre jetzt zu den Lebenden.

Wenn der Alte Bund vollkommen gewesen wäre, hätte Gott nicht einen Neuen Bund gründen müssen, einen Neuen Bund, der auf weitaus besseren Verheißungen gegründet werden sollte als der Alte Bund. Warum in Gottes Namen sollte dann der Neue Bund in Anlehnung an den Alten Bund begründet werden sollen, wenn der doch nicht funktioniert hat? Denn kein Mensch war in der Lage, die Gesetze und Forderungen zu erfüllen. Weder die Opfergaben, die Schlachtopfer noch die Brandopfer haben Gott gefallen. Selbst das Räucherwerk war Ihm zuwider.

Niemand konnte den Ansprüchen des Gesetzes gerecht werden, deshalb musste ein Neuer Bund gegründet werden ohne Gesetze befolgen zu müssen.

Denn wo es ein Gesetz gibt, da gibt es die Übertretung des Gesetzes, die wiederum zur Sünde führt. Jesus Christus hat uns Gott sei Dank vom Gesetz und von der sündigen Natur befreit, indem Er es erfüllt hat.

Im Neuen Bund ist mir das Gesetz in dem Moment, in dem ich Jesus Christus als meinen Erretter angenommen habe, mit meiner neuen Natur ins Herz gegeben worden. Ich habe somit Seine gerechte neue Natur erhalten und bin nun eine neue Schöpfung, ein Sohn Gottes. Das haben schon die Propheten und David im Alten Bund voraussehen dürfen und haben darüber gejubelt, weil sie erkennen durften, dass wir einen Bund bekommen ohne Werke tun zu müssen, ohne irgendwelche „Opfer" bringen zu müssen, in Form von „guten Taten".

Ich bin nun zur Gerechtigkeit Gottes geworden in Christus. Aus diesem Stand kann ich nicht mehr herausfallen, genau so wenig wie ein Mensch, der als Adeliger geboren wurde sein Geblüt nicht verlieren kann. Ich bin durch Christus aus dem Machtbereich der Finsternis versetzt worden in den Machtbereich Seines geliebten Sohnes. Ich habe den Stand des Ungerechten eingetauscht gegen den Stand des Gerechten.

Hier hat ein Tausch stattgefunden!
Ungerechtigkeit gegen Gerechtigkeit.

Ich kann als Gerechter im Verstand oder im Fleisch eine sündige Handlung begehen, aber sie wird mich niemals aus dem Machtbereich der Gerechtigkeit fallen lassen.

Genauso wenig hätten mich tausend gute Werke aus dem Machtbereich der Finsternis in den Machtbereich der Gerechtigkeit bringen können. Dieser Stand eines Gerechten ist unumkehrbar, unkaputtbar! Er ist mir durch Christi Erlösungswerk vererbt worden.

Ich kann zu jeder Zeit mit allem vor Gott, meinem Vater, treten und Ihn um Vergebung bitten. Er vergibt mir allezeit. Wichtig ist nur, dass ich mir selbst vergebe und nicht zulasse, dass mir Gedanken der Verdammnis meine Freude rauben. Unser himmlischer Vater ist unendlich großzügig und vergebungsvoll. Wenn ich bereue und um Abhilfe bitte, wird Er mir helfen, diesen Fehler nicht mehr tun zu wollen. Denn das Wollen und Vollbringen kommt auch von Ihm, noch über mein Wollen hinaus.

Setze deine stärkste Waffe ein: Das Gebet eines Gerechten vermag viel, sagt das Wort. Bete und bitte zu jeder Zeit und du wirst siegreich sein.

Wer bittet, dem wird gegeben. Wer sucht, der wird finden. Wer anklopft, dem wird aufgetan. Gott wartet immer auf mich, denn Er ruht von Seinen Werken seit dem sechsten Schöpfungstag. Jesus Christus hat bereits schon alles für mich getan. Es liegt jetzt an mir, ob ich Seinem Willen, Seinem Leben folgen möchte.

2.Korinther Kapitel 5 Vers 17

> **„Ist jemand in Christus, ist er eine neue Schöpfung. Das Alte ist vergangen, siehe Neues ist geworden. All das verdanken wir Gott, der durch Christus mit uns Frieden geschlossen hat. Er hat uns beauftragt, diese Botschaft überall zu verkünden."**

Wenn Er mich schon neu und gerecht gemacht hat, kann ich doch meinem alten Menschen nicht den Vorrang geben, sonst würde ich ja den Vorteil dieses neuen Lebens nicht kennenlernen.

Ich habe mich für Jesus Christus entschieden. Ich möchte Seinen Weg gehen. Den Weg, den Er für mich geplant und vorherbestimmt hat, damit ich Teilhaber und Miterbe aller Segnungen sein kann, die ich jetzt schon hier während meines irdischen Lebens genießen kann und will. Und zwar aus Gnade und nicht aus Werken. Dazu muss ich mein altes Leben loslassen und mit aller Konsequenz dem neuen Leben in Christus hinterherjagen und das täglich aufs Neue.

Danke Jesus Christus für die Gnade.

Kapitel 3

Tausche dein Klagegebet um in ein Dankgebet

Jakobus Kapitel 5 Vers 16

> **„Das Gebet eines Menschen, der nach Gottes Willen lebt, hat große Kraft."**

Gott sucht die Menschen, die Ihn im Gebet um etwas bitten oder vielmehr Ihn um Rat fragen bzw. Ihm einfach nur danken wollen. Gebet ist Gemeinschaft mit Gott. Gebet erfrischt mich und mein innerer Mensch wird erbaut. Das wirkt sich dann auf meinen äußeren Menschen aus. Habe ich eine Herausforderung oder brauche ich einen Rat, dann bete ich. Ich fange nicht erst zum Beten an, wenn es schon schwierig ist. Ich bin schon vorbereitet, der Herausforderung immer schon einen Schritt voran. Ich halte mein Schild des Glaubens schon vor meiner Brust, noch bevor der Pfeil überhaupt erst abgeschossen wird. Dann ist die Verteidigung viel effektiver als wenn ich erst suchen und schauen muss, wo ich mein Schild habe.

„Unser tägliches Brot gib uns heute" = versorge mich heute genau mit dem was ich brauche. Ich brauche einen neuen Job beziehungsweise ich brauche eine Versorgung, mit der ich die ganze Familie und noch andere segnen kann.

Da kenn ich doch jemanden, der sehr daran interessiert ist, mir diesen Wunsch, mein Gebet zu erfüllen.

Matthäus Kapitel 6 Vers 26

> **„Seht euch die Vögel an! Sie säen nichts, sie ernten nichts und sammeln auch keine Vorräte. Euer Vater im Himmel versorgt sie doch. Meint ihr nicht, dass ihr ihm viel wichtiger seid?"**

Mein Gebet und die Erhörung des Gebetes sind für Gott, dem Vater, unermesslich wichtig.

Im Alten Bund war Abraham ein Fürbitter und auch Mose war ein Fürbitter. Im Neuen Bund kann ich selbst mit meiner Bitte oder meinem Gebet vor Gott treten. Ich spreche ein gutes Bekenntnis und halte daran fest in jeder Lage!

Was ist ein Bekenntnis? Eine Bestätigung dessen was ich glaube. Ein Zeugnis dessen was ich weiß. Das Zeugnis einer Wahrheit die ich angenommen habe.

Hebräer Kapitel 4 Vers 1

> **„Lasst uns also unerschütterlich an unserem Bekenntnis zu Jesus Christus festhalten, denn in ihm haben wir einen großen Hohepriester, der vor Gott für uns eintritt."**

Ich spreche mein Bekenntnis, die Verheißung Gottes für mein Leben als Realität aus, noch bevor sie als solche sichtbar ist. Zum Beispiel: Ich bin geheilt. Ich lebe in göttlicher Gesundheit. Ich habe den besten Job. Ich habe eine liebevolle Frau. In meiner Familie herrscht Frieden usw. Ich habe, was ich spreche und erhalte das, womit ich meinen Glauben verbinde.

Hier hat ein Tausch stattgefunden!
Das was ich noch nicht habe gegen das was ich haben möchte. Oder wie es im Wort Gottes ausgedrückt wird, das nicht Seiende rufen, wie wenn es da wäre, das ist Glaube.

Warum haben viele Menschen keine Ergebnisse? **„Mein Volk geht zu Grunde durch Mangel an Erkenntnis."** Nur wo der Wille Gottes bekannt ist, kann er auch wirksam werden, aber wo keiner den Willen Gottes predigt, wo ihn niemand hört, da wird er auch keinen Glauben hervorbringen. Denn der Glaube kommt vom Hören der Predigt und die Predigt aus dem Wort Gottes. Wenn keiner über Wunderheilungen predigt und erst recht nicht daran glaubt, wie sollen die Menschen dann wissen, dass ihnen Jesus Christus den Preis für ihre Gesundheit bereits bezahlt hat? Woher sollen sie wissen, dass sie Leben haben sollen und zwar in Fülle und Überfluss?

Nicht nur Gesundheit hat Jesus Christus für uns am Kreuz teuer erkauft, Er hat auch Armut ans Kreuz genagelt. Es handelt sich um ein dreifaches Erlösungswerk: Erlöst vom geistigen Tod. Das heißt, nicht mehr getrennt vom Vater, sondern die Verbindung zum Vater ist wiederhergestellt, durch den Heiligen Geist. Erlöst von Krankheit und erlöst von Armut.

Heilungen und Wunder geschehen heute genauso wie zu Jesu Lebzeiten, denn Jesus Christus lebt gestern, heute und in Ewigkeit. Jesus Christus hat sich nicht verändert, denn Er bleibt immer derselbe. Er sagt selbst über sich: **„Ich bin der ich bin!"**

Die Kraft Gottes hat sich nicht verändert, denn der Heilige Geist ist auch der gleiche geblieben. Seine übernatürlichen Fähigkeiten besitzt Er immer noch und Er lässt sie durch Menschen wirksam werden, die an Ihn glauben. Das Wort Gottes hat sich nicht verändert. Es ist kraftvoll und wirksam, schärfer als ein zweischneidiges Schwert.

Warum also erleben wir hier in West-Europa so wenige Wunderheilungen?

Erstens: wird darüber nicht mehr gepredigt. Der Glaube kommt vom Hören der Predigt.

Zweitens: glauben die, die daran glauben sollten, nämlich die Prediger, am allerwenigsten an Wunderheilungen.

Drittens: sind die Menschen in unserem Kulturkreis viel zu sehr „verkopft", um daran zu glauben.

Glauben muss man nun mal im Herzen. Der Verstand ist da völlig nutzlos, denn er kann die Dinge Gottes nicht erdenken noch ermessen. Das Wort sagt: **„Meine Gedanken sind nicht eure Gedanken und eure Gedanken sind nicht meine Gedanken"**.

Und last but not least, wenn dann mal Heilung durch ein Wunder geschieht, dann wird versucht, es mit allen Mitteln nicht als Wunder gelten zu lassen. Dann werden alle Register gezogen, um die natürliche Ursache der Heilung möglichst plausibel zu machen.

Es ist sogar nicht übertrieben zu behaupten, dass heute Wunderheilungen als lächerlich abgetan werden oder zumindest für viele ganz ausgeschlossen sind.

Ich muss wissen, wie ich beten soll, damit meine Gebete Ergebnisse hervorbringen. Ich bitte Gott nicht, für mich Dinge zu tun, die Jesus Christus für mich bereits schon erledigt hat.

Gebet ist Danksagung für alles, was mir bereits als Sohn Gottes durch Jesus Christus schon gehört. Göttliche Gesundheit gehört mir, sie ist Bestandteil meines himmlischen Erbes. Deshalb danke ich Gott für meine göttliche Gesundheit. Ebenso danke ich für Wunderheilungen, die ich erlebt habe und erlebe, weil ich daran glaube. Ich halte an meinem Bekenntnis fest, bis es hervorkommt: sofort - morgen - in einer Woche - in einem Monat - in einem Jahr - nach mehreren Jahren. Hartnäckige Beständigkeit führt zum Ziel.

Will ich Wunder erleben, muss ich an sie glauben. Ich bin eine Glaubende. Ich erlebe Wunder am laufenden Band. Ich spreche über Wunder und sie kommen hervor, denn das Gebet eines Gerechten vermag viel!

Jesus Christus hat mich aufgefordert, zum Berg zu sprechen und nicht über den Berg.

Ich spreche nicht über meine Herausforderungen, indem ich sie jedem erzähle, der mir gerade über den Weg läuft. Und ich rufe nicht gleich meine Freundin an, wenn ich mit meinem Mann Ärger habe. Ich spreche vielmehr direkt den

Umstand an, denn ich habe als Sohn Gottes die Autorität bekommen zu sprechen und zu befehlen.

Hier hat ein Tausch stattgefunden!
Schwäche gegen Stärke, Machtlosigkeit gegen Autorität!

Mein Berg muss sich hinwegheben. Wer glaubt und nicht im Geringsten zweifelt, dem wird es nach seinem Glauben geschehen. Es ist nicht wahr, dass einer mehr oder weniger gläubig ist. Gott hat jedem das gleiche Maß an Glauben geschenkt. Ich darf mir nur nicht durch Unglauben meinen Glauben rauben lassen. Ich höre mir nicht so viel Unglauben an, dann kann ich fest stehen auf meinem Bekenntnis. Ich lasse mir nicht meine Heilung rauben, nur weil mein „Freund" oder Nachbar oder Bruder es nicht glauben kann. Im Übrigen wird es auch nicht recht hilfreich sein, wenn ich mir permanent die Werbung im Fernsehen über alle möglichen Medikamente anschaue und anhöre, denn das wird mir nur den Glauben für übernatürliche Heilung und göttliche Gesundheit rauben.

Jesus Christus hat gesagt, wenn ihr Glauben habt wie ein Senfkorn, könnt ihr zum Berg sprechen **„hebe dich empor und stürz dich ins Meer"** und es wird geschehen. Mein Problem muss sich lösen, wenn ich es nach meinem Gebet losgelassen habe.

Gott erhört meine Gebete, die ich mit einem reinen Herzen spreche, denn Er will, dass es mir schon auf der Erde gut geht und zwar nicht zu knapp, sondern in Fülle und Überfluss.

Hier hat ein Tausch stattgefunden!
Armut gegen Wohlstand.

Ich beschäftige meine Gedanken mehr mit Glauben als mit Unglauben und ich werde erleben, wie erfolgreich meine Gebete sein werden. Gebete sind wirksam. Das Gebet eines Gerechten vermag viel, und der bin ich.

Die Lösung ist immer die Antwort auf mein Gebet, - ich spreche!

Kapitel 4

Tausche den zornigen Gott gegen einen liebenden Vater ein

Gott liebt mich.
Gott liebt .... mich.
Gott .... liebt mich.

Wichtiger als alles andere muss für mich sein, dass Gott mich liebt.

Matthäus Kapitel 22:39
Es ist nicht so wichtig, ob mich jeder Mensch liebt oder der Mensch liebt, von dem ich glaube, geliebt werden zu müssen. Am wichtigsten ist, wissen zu müssen, dass Gott mich liebt!

Matthäus Kapitel 6 Vers 33

> **„Trachte zuerst was von mir und was von oben ist und nach meiner Gerechtigkeit und alles andere füge ich dir hinzu."**

Was sagt diese Bibelstelle aus? Gott spricht hier zu mir. Er sagt, schau zuerst auf mich, deinen himmlischen Vater. Strebe danach, mit mir zu kommunizieren, mich an erste Stelle zu setzen, immer zuerst mich anrufen, mir zu vertrauen. Denn alles, was von Gott kommt, ist gut, wohlgefällig, vollkommen und der beste Plan für mich.

Wenn ich so handle, dann fügen sich viele bis alle anderen Dinge automatisch zum Rechten, oder ganz einfach ausgedrückt, meine Anliegen werden ganz wie von selbst gelöst. Die unnötigen Hindernisse verschwinden, weil ich Zeit mit meinem himmlischen Vater verbracht habe und zwischenzeitig sind die Engel instruiert worden, für mich aktiv zu werden. Gott liebt es mit mir zu plaudern. Gebet ist Unterhaltung mit Gott.

Galater Kapitel 2 Vers 6

> **„... im Übrigen ist es mir ganz unwichtig, was oder wer sie früher einmal waren, Gott schaut nicht auf Rang oder Namen. Bei Gott gibt es keine Rangunterschiede, er sagt zu dir, du bist mein geliebter Sohn, egal wer du bist."**

Ich habe einen liebenden Vater-Gott, der für mich nur das Allerbeste will. Durch Christus hat Er mich bereits mit allen Segnungen in der Himmelswelt ausgestattet. Er hat schon alles für mich vorbereitet bzw. Er hält schon alles bereit. Sein Part ist erledigt. Jetzt liegt es nur noch am Gläubigen, an mir, dass ich im Vertrauen annehme, umsetze und anwende, was mir legal schon gehört.

Was gehört mir?

Lebendiges geistiges Leben:
Das heißt, der Heilige Geist ist der erste Anteil meines himmlischen Erbes.

Nun kann ich mit Gott direkt sprechen, von Geist zu Geist, von Herz zu Herz.

Gesundheit:
Jesus Christus, der Heiland, ist nun mein Arzt in mir, der mich heilt bzw. geheilt hat, denn durch Jesu Striemen ist mir Heilung geworden.

Wohlstand:
Ich werde nun mit der Hilfe Gottes eine übernatürliche Versorgung genießen können, denn worauf ich jetzt meine Hände lege, dass ist gesegnet, und wo ich hingehe, ist eingenommenes Land. Wo ich einen Samen säe, da wird Ernte hervorkommen. Der Aufstieg der Söhne Gottes ist unaufhaltsam.

Das sind meine Verheißungen, die mir gehören und die ich mutig und kühn bekenne, damit mein Wort ausgeführt wird.

Ich ehre meinen Vater, wenn ich mich in allem Ihm anvertraue.

Römer Kapitel 4 Vers 20

> **„Er zweifelte nicht und vertraute Gottes Zusage. Sein Glaube wurde dadurch gestärkt. Er gab Gott die Ehre und war fest davon überzeugt, dass Gott sein Versprechen hält."**

Gott ist wie ein Vater. Er möchte, dass ich auf dieser Ebene zu Ihm komme, und mich wie ein Kind in Seine liebenden Arme schmiege und mich Ihm vollkommen anvertraue.

Gott liebt mich.
Gott liebt dich.
Gott ist Liebe.

Das ist Sein Wesen. So wie Er ist bin auch ich jetzt hier auf dieser Welt an Seiner statt.

1.Johannes Kapitel 4 Vers 16

> **„Und ich habe erkannt und geglaubt die Liebe, die Gott zu mir hat. Gott ist Liebe. Wer in der Liebe bleibt, bleibt in Gott und Gott bleibt in ihm."**

Wenn ich nicht glauben kann, dass Gott mich liebt, dann werde ich diese intime Beziehung zu Ihm nie erfahren. Es reicht nicht, Gott einfach nur im Verstand zu kennen, zu wissen wer Er ist. Gott möchte geliebt werden, genau wie ich von meiner Mutter, meinem Vater oder meinem Ehepartner geliebt werden möchte. Da reicht es mir ja auch nicht, ihn oder sie einfach nur zu kennen oder zu wissen, wer er oder sie ist. Oder ihn nur einmal die Woche kurz zu besuchen.

Wir haben noch nicht annähernd verstanden, welch innige Gemeinschaft sich unser himmlischer Vater sehnsüchtig mit uns wünscht. Nämlich die gleiche innige Gemeinschaft, die Er mit Seinem Sohn Jesus Christus hat. Auch ich bin Sein Sohn. Du kannst jetzt einwenden, ich bin aber eine Frau. Nun dazu nur so viel, die Schrift sagt an einer Stelle, dass es in Christus weder Mann noch Frau gibt. Wir sind in Christus alle gleich. Auch hier gibt es vor Gott keinen Unterschied, denn Gott ist ja kein Anseher der Person. Rang und Namen gelten vor Ihm nichts. Deshalb kann auch jeder überall das Wort Gottes predigen und verkünden. Die Regeln und Gesetze, dass Mann oder Frau nicht predigen darf, sind einmal mehr wieder von Menschen selbstauferlegt.

Und einmal mehr ist die Bibelstelle auch hier wieder berechtigt: **„Ihr macht durch eure Überlieferungen (Traditionen) mein Wort ungültig, wirkungslos, nutzlos."**

Meine Liebesbeziehung zu Gott bestimmt meine Liebe zu meinen Mitmenschen! Ich kann nur weitergeben was ich habe. Wer die Liebe Gottes nicht kennt, der kennt wahre Liebe nicht! Pahhhh, das klingt aber überheblich! Nun, ich habe das nicht erfunden, es steht im Wort Gottes!

Erst diese selbstlose Liebe, die Gott zu mir hat, befähigt mich überhaupt dazu, dass ich in der Lage bin, selbstlos zu lieben. Am Anfang meiner neuen Beziehung mit Gott bin ich gar nicht in der Lage, dies zu erkennen. Das ist ein Entwicklungsprozess oder Wachstumsprozess, der erst nach und nach hervorkommt. Wir sind von Natur aus so sehr auf uns selbst fixiert, dass wir gar nicht erkennen, wie Ichbezogen unsere Liebe ist. Da mag nun der eine oder andere gleich einwenden, nein, bei mir ist das nicht so. Ich denke zuerst immer an mein Kind oder an meinen Partner. Das dachte ich auch und ich war zu dem Zeitpunkt schon Mutter. Da meint man ja von Haus aus die selbstlose Liebe gepachtet zu haben. Doch dann habe ich mich mit dieser innigen Liebe Gottes mal auseinandergesetzt und ich habe viele Bereiche in meinen Beziehungen entdeckt und erkannt, wo ich und nicht mein Nächster an erster Stelle stand.

Es sei an dieser Stelle nur mal ein kleines Beispiel erwähnt: Welche Speisen werden am häufigsten zubereitet? Wessen Vorschlag wird für das gemeinsame Wochenende am häufigsten umgesetzt? Welche Sendungen werden am häufigsten angesehen? Wen betrachte ich auf dem Foto als erstes? usw. Wenn sich da jeder mal an die eigene Nase greift und so manch eine Lappalie in Betracht zieht, wie häufig ich oder der andere an erster Stelle steht, dann würden wir sehr schnell sehen, wie vermeintlich selbstlos wir wirklich sind.

Natürlich hängt es auch davon ab, wieviel Zeit ich in dieser Beziehung mit meinem Vater-Gott verbringe. Doch als ein untrügliches Resultat daraus werde ich spüren und erkennen, wie sehr sich meine Liebe zu den Menschen (natürlich auch zu denen, die dir am allernächsten stehen) verändert und sich immer mehr intensiviert. Diese göttliche Art der Liebe, auch als Agape Liebe bezeichnet, ist selbstlos, einfach anders als die rein menschliche Liebe und auch ganz anders als die Eros Liebe.

Die göttliche Art der Liebe möchte immer den anderen zuerst umsorgt wissen, ohne dabei im Entferntesten an sich selbst zu denken, einfach schön, wunderbar und unendlich liebevoll.

So ist unser Gott, unser himmlischer Vater. Er möchte mich versorgt wissen und ich soll wissen: Ich bin geliebt! So wie ich bin, bin ich für Ihn richtig und wichtig, angenommen und angekommen. Ich lasse mich von diesem großartigen, fürsorglichen Vater-Gott verwöhnen und lieben. Er möchte das mehr für mich als ich es mir vorstellen kann. Er hat auch einen wunderbaren Plan für mein Leben, aber Er wird ihn mir nicht einfach aufdrängen. Dazu ist Er viel zu sehr Gentleman. Nein, Er wartet auf meine Zusage.

Liebe deinen Gott, denn Gott liebt dich!

Sprich einmal eine Zeitlang dieses Liebesbekenntnis jeden Tag aus, damit dir klar und bewusst wird, wie sehr dich dein Vater liebt.

Gott ist mit mir.
Gott ist in mir.
Gott ist für mich.
Gott ist eins mit mir.
Gott liebt mich.

Hier hat ein Tausch stattgefunden!
Der zornige Gott aus dem Alten Testament gegen einen liebenden himmlischen Vater aus dem Neuen Testament.

Jesus hat den Becher mit dem Zorn getrunken, damit ich den Becher mit den Segnungen trinke.

Sein Blut war der Preis für meinen Frieden mit Gott.

Ein guter Tausch, wie ich finde.

Kapitel 5

Tausche Armut gegen Wohlstand

Wohlstand und Finanzen funktionieren nach dem ureigensten biblischen Prinzip, nämlich Saat und Ernte.

2.Korinther Kapitel 9 Vers 10

> **„Gott aber, der dem Sämann Saat und Brot schenkt, wird auch euch Saatgut geben. Er wird es wachsen lassen und dafür sorgen, dass eure Gabe Früchte trägt."**

Wenn ich glauben kann, dass Gott mein Vater ist, dann muss ich auch glauben, dass Gott mein Versorger ist. Ein Vater versorgt sein Kind in jedem Bereich, wo ein Menschenkind versorgt sein will und muss. Göttliche Versorgung im Bereich Finanzen gehört genauso selbstverständlich dazu wie Essen und Trinken.

Ein anschauliches Beispiel ist **Matthäus 13 Verse 25-30**. Es zeigt uns, wie Saat und Ernte funktioniert:

Wenn der Bauer Samen auf fruchtbaren Boden sät und der Same dann aufgeht und wächst, dann ist das Wachstum mit einer Vermehrung verbunden und wenn die Frucht, die daraus hervorkommt, reif ist, kann sie geerntet werden. Nun muss der Bauer aber für die nächste Saat Saatgut zur Seite legen, denn wenn er alles verbraucht, dann hat er nichts mehr übrig für die nächste Aussaat und kann im nächsten Jahr nichts essen.

Wenn ich meine Einnahmen oder mein Gehalt vollkommen für mich selbst aufbrauche und ich nichts investiere, worauf soll da Gott Seinen Segen geben? Gott braucht einen Samen von mir, den Er segnen kann! Und keine Sorge, Gott ist nicht gierig. Er weiß ganz genau, wie viel zu geben ich in der Lage bin.

Wenn Gott keinen Plan mit meinen Finanzen hat, wie groß ist dann Sein Anteil an meinem Leben? Wie viel Zeit verbringe ich täglich damit Geld zu verdienen? Ich bringe meine Finanzen in Übereinstimmung mit dem Willen Gottes. Wenn ich den größten Teil meines Lebens, nämlich Geld zu verdienen, aussparen will, dann spare ich den größten Teil meiner Gemeinschaft mit Gott aus! Viele wollen riesiges finanzielles oder (und) geistiges Wachstum erleben, aber mit der praktischen Anwendung hapert es noch!

Mein Geld gehört Gott. Er hat mir Fähigkeiten und Gaben geschenkt, als Er mich erschaffen hat, damit ich in der Lage bin, mit diesen Fähigkeiten und Gaben Geld zu verdienen. Ich brauche mir nichts auf meine besonderen Fähigkeiten einzubilden, denn ich habe sie alle von Gott bekommen, meinem Schöpfer.

Meine Gabe soll eine echte Liebesgabe sein. Aus Liebe zu Gott soll sie gegeben werden, zum Wohle eines Bedürftigen, welcher durch diese Gabe Gottes gnädige Versorgung kennenlernen darf und somit Danksagung für Gott hervorbringt. Gott liebt einen fröhlichen Geber und ein dankbares Herz. Beides kann und wird Er überaus großzügig segnen.

Ich gebe niemals aus einem Pflichtgefühl heraus oder noch schlimmer unter Druck, weil vielleicht gerade jemand mir ein schlechtes Gewissen machen will (das mir im Übrigen sowieso nicht mehr gehört, denn mein Gewissen ist durch Jesu Blut reingewaschen worden!), damit er mich endlich zum Geben bewegt. Das wäre keine freiwillige Gabe und schon gar keine fröhliche. Gott sieht in mein Herz, wenn ich gebe, und Er weiß genau, ob meine Motivation passt oder nicht. Er kann Seinen Segen nicht auf ein falsches Motiv geben. Also kann ich mir den rausgequetschten Euro gleich sparen!

Es gibt eine anschauliche Bibelstelle, als Jesus Christus im Tempel, ganz in der hintersten Reihe mit Seinen Jüngern steht und wo Er sieht, wie die Menschen beim Ausgang ihre Münzen in den Korb werfen. Er macht Seine Jünger darauf aufmerksam hinzusehen, als eine alte arme Frau ihre Münze hineinwirft. Er sagt zu Seinen Jüngern: **„Diese Gabe ist vor Gott wertvoller als alle anderen, denn die Wohlhabenden geben nur aus ihrem Überfluss etwas ab, aber diese alte Frau hat alles gegeben was sie besaß."**

Was zählt als Gabe? Nur Geld? Alles, was ich gerne und von Herzen gebe, tue oder spreche zählt als Gabe. Ja, auch gute, auferbauende, liebevolle Worte sind durchaus eine Gabe. Ein Trost spendendes Gespräch ist oft mehr wert, als ein teures Geschenk oder Geld! Auch wenn ich von Herzen gerne bereit bin, irgendwelche Dinge zu verschenken, ist das eine Gabe. Ebenso ist es eine liebevolle Art des Gebens, wenn ich bereit bin, jemanden bei einer Arbeit tatkräftig zu unterstützen.

Nur eins sollte ich dabei nie aus dem Auge verlieren: Alles muss von Herzen gern gegeben bzw. getan werden, damit daraus nicht eine Art „Werke tun" wird, um gesegnet zu werden. Das wäre die falsche Motivation und sie würde keine Frucht hervorbringen.

Geben aus Gnade, nicht aus Werken. Ich kann das ohnehin leicht überprüfen, wenn die Gabe schwer oder zur Last wird oder keine Freude mehr macht, dann ist es höchste Zeit, das Motiv unter die Lupe zu nehmen.

Einen fröhlichen Geber liebt der Herr. Macht mich mein Geben noch fröhlich oder ist die Gabe schon längst eine Bürde? Dann trenne ich mich schleunigst davon, denn alles was ich tue, will ich mit Freude tun. Jesus Christus hat den Preis und die Forderungen für Armut für mich bezahlt, damit ich hier, auf der Erde in Fülle und Überfluss leben kann. Und Er hat es mit Freude getan.

2.Korinther Kapitel 9 Verse 7-8

> **„So soll jeder für sich selbst entscheiden, wie viel er geben will, und zwar freiwillig und nicht aus Pflichtgefühl. Denn Gott liebt einen fröhlichen Geber. Er wird euch dafür alles schenken, was ihr braucht, ja mehr als das. So werdet ihr nicht nur selbst genug haben, sondern auch noch anderen von eurem Überfluss weitergeben können."**

Was kann ich geben, wenn ich kein Geld habe? Gib etwas, wovon du mehr hast als du brauchst, denn es lässt sich immer jemand finden, der nicht einmal das besitzt, wovon du zu viel hast. Und wenn du es geschickt anstellst, lässt er oder sie sich auch leicht von dir oder mit der Hilfe deines Ratgebers, dem Heiligen Geist, finden.

Philipper Kapitel 4 Vers 19

> **„Mein Gott aber wird mir alles was ich zum Leben brauche geben, nach seinem Reichtum in Herrlichkeit in Christus Jesus" (= vollständig versorgen, restlos zufrieden stellen).**

Gott versorgt mich nach Seinem Reichtum, nicht nach meinen Bedürfnissen. Sein Reichtum übersteigt meine Bedürfnisse. Übernatürlich sorgt Er dafür, dass ich an Seiner Herrlichkeit keinen Mangel habe.

Das Geben und Nehmen materieller Güter der Gläubigen stellt in Christus eine enge Verbindung miteinander und mit Christus her. Wo ich hingebe, dort nehme ich auch an übernatürlichen Wirksamkeiten teil. Deshalb prüfe ich, woran ich mich beteilige!

Ich darf als Christ sehr wohl auch sehr wohlhabend sein. Gott interessiert es nicht, wie viel ich von etwas habe, nur beherrschen darf es mich nicht!

Ich darf schöne Dinge besitzen. Gott schaut auf mein Herz. Wo liegt meine Priorität? Kann ich mich von den Dingen trennen, wenn Er mich darum bittet?

Wenn mich der Vater bittet etwas wegzugeben, dann wird Er mich dafür um ein Vielfaches belohnen! Ich kann Gott nicht überbieten! **„Wer gibt, dem wird gegeben. Wer sucht, der wird finden. Wer anklopft, dem wird aufgetan."**

Das Geben ist einem fröhlichen Gläubigen ins Herz gefallen. Er kann nicht anders als zu geben, denn:

Apostelgeschichte Kapitel 29 Vers 35:
„Geben macht seliger als nehmen."

Es erfüllt mich mit Freude, wenn ich von Herzen gerne gebe. Es fällt mir zur Last, wenn es ein „ich muss geben" ist. So kann ich mich prüfen wie ich gebe! Ich gebe mit einem fröhlichen Herzen, denn einen fröhlichen Geber liebt der Herr.

Ich frage einfach Gott, wo oder wem ich geben darf. Wenn ich die Güte und die Gnade Gottes in meinem Leben erfahren und lieben gelernt habe, dann wird das Geben auch in meinem Herzen sein und hervorkommen. Ich gebe einfach die Summe, die mir spontan einfällt und die ich gerne geben möchte. Gott fordert mich sogar auf, Ihn zu versuchen, denn Er will mir zeigen, dass Er mich segnen wird, indem Er mich bereichert.

Ich muss keine Abgaben leisten, denn die Schrift sagt, die Söhne sind frei, aber beim Geld fängt die Liebe zu Gott an. Gottes Wertesystem funktioniert anders als das in der Welt. Wenn Er mir kostbar ist, dann werde ich kein Problem damit haben, Ihm etwas von meinen Finanzen zur Verfügung zu stellen, damit am Ende Er meine Finanzen zum Blühen bringt. Ein besseres Geschäft kann ich nicht machen. Die Welt arbeitet mit meinem Geld zu ihrem eigenen Vorteil. Gott arbeitet mit meinem Geld ausschließlich zu meinem Vorteil. Versuch Ihn doch einfach und lass dich überraschen!

Es steht im Wort Gottes, dass der Mensch ernten wird was er sät. Wenn ich aber nichts säe, also Geld dorthin investiere wo ich geistig genährt werde, (denn der, der mir Nahrung gibt, der soll auch essen können), worauf soll dann Gott Seinen Segen tun, damit die Ernte dann zu mir zurückfließen kann?

Saat und Ernte ist eine göttliche Gabe, Gott gibt dem Sämann auch das Saatgut zum Aussäen. Wenn ich aber die ganze Ernte für mich behalte und im nächsten Monat nichts aussäe, werde ich Mangel haben.

Weil für uns Menschen Geld so wichtig ist, werden wir genau damit auf die Probe gestellt. Kannst du Gott mit deinen Finanzen vertrauen? Denn es steht geschrieben, wer Ihm in dem Bereich Finanzen nicht vertraut, der kann Ihm auch in keinem anderen Bereich glauben, vertrauen.

Das regelmäßige Geben ist eine Probe meiner Treue Ihm gegenüber. Er sagt auch: „Versuch mich doch". Gott lässt sich von uns auf die Probe stellen! Glaubst du, dass Gott lügen könnte?

Hier hat ein Tausch stattgefunden!
Mangel gegen Wohlstand. Gott will, dass es mir hier auf der Erde sehr wohl ergeht, in allen Bereichen, auch mit Finanzen.

Kapitel 6

Tausche Partnerschaft gegen Ehe und Familie

Am Anfang schuf Gott den Mann, Adam, in Seinem Ebenbild. Die Krönung der Schöpfung.

1.Mose Kapitel 2 Vers 18

> **„Es ist nicht gut, wenn der Mensch alleine lebt."**

= also ist Ehe gut.

Der Mann braucht eine Partnerin. Eine Gefährtin, eine Unterstützerin, eine Gehilfin, was so viel bedeutet wie, geh und hilf ihm. Eine Frau braucht einen Partner, einen Beschützer, einen Versorger. Somit ist die Grundlage für die Ehe geschaffen. Die Ehe ist die Vereinigung zweier Menschen zu einer Einheit, so entsteht ein Bund. Jesus Christus hat mit mir bzw. für mich einen Bund geschlossen, damit ich mit Gott eine enge Beziehung haben kann.

Warum ist Eheschließung so wichtig? Es liegt ein Segen auf der Ehe, weil die Ehe ein Bündnis ist. Diese Partnerschaft wird auch im Geist vor Gott durch den Heiligen Geist geschlossen. Der gläubige Mann und die gläubige Frau sind als neue Schöpfungen gesalbt, das heißt, durch Jesus Christus und den Heiligen Geist mit Kraft erfüllt.

Was passiert beim Schließen des Ehebundes? (schließen = es wird etwas zusammengefügt!)

Epheser Kapitel 5 Verse 31-33

> **„Erinnert euch an das Wort: Ein Mann verlässt seine Eltern und verbindet sich so eng mit seiner Frau, dass die beiden eins sind mit Leib und Seele. Das ist ein großes Geheimnis. Ich deute dieses Wort auf die Verbindung zwischen Christus und seiner Gemeinde. Es gilt aber auch für euch: Ein Mann soll seine Frau so lieben wie sich selbst. Und die Frau soll ihren Mann achten."**

Welches Wunder findet hier statt? Beim Schließen des Ehebundes, den Mann und Frau vor Gott eingehen, geschieht ein geistiges Wunder, das im natürlichen Bereich gewaltige Auswirkungen hat. Die beiden werden nämlich ein Geist, eine Einheit, eine „neue Schöpfung"! Die schöpferische Kraft Gottes, die gleiche Kraft, die mich mit Jesus Christus verbunden hat, als ich Ihn als meinen Herrn angenommen habe, diese Kraft verbindet mich von da an mit meinem Partner. Unser Geist wird eins!

1.Korinther Kapitel 6 Vers 17

> **„Wenn du in enger Verbindung mit dem Herrn lebst, wirst du mit ihm eins sein durch seinen Geist."**

Dasselbe passiert auch beim Ehebund zwischen Mann und Frau.

Ein neuer geistiger Bereich eröffnet sich und ein geistiges Gesetz tritt in Kraft welches besagt: Einer schlägt Tausend in die Flucht und zwei können Zehntausend in die Flucht schlagen. Diese gigantische Kraft steht ihnen nun zur Verfügung, wenn sich die zwei eins machen im Geist. Und ihre gemeinsamen Gebete versetzen Berge.

Die Ehe

Alle Erkenntnis für eine gute Ehe und eine glückliche Familie liegt im Grundprinzip des Evangeliums, Saat und Ernte. Du wirst ernten was du säst. Säe gute Worte in deinen Partner, denn Segen zieht Segen nach sich und Fluch zieht Fluch nach sich.

Mein Verhältnis zu Gott bestimmt mein Verhältnis zu meinem Ehegatten. Sehr herausfordernd ist diese Aussage, aber auch nur für jene, die keine oder nur eine sehr armselige Gemeinschaft mit Gott haben. Das soll keine Anklage sein, nur ein Denkanstoß um zu überprüfen, wie wichtig mir meine Beziehung mit Gott ist. Lebe ich in einer intensiven Gemeinschaft mit meinem Partner zusammen oder lebt und macht jeder sein eigenes Ding? Das zu unterscheiden ist außerordentlich wichtig, denn dann ist diese Ehe zu einer Zweckgemeinschaft degradiert, in der keine ehrliche Kommunikation mehr stattfindet. Und wo nicht mehr ehrlich miteinander gesprochen wird, wo die Dinge nicht angesprochen werden, die nicht passen, dort können sie nicht hinweg genommen werden! Ich muss aussprechen, wenn ich etwas verändern will, damit es eine Wirksamkeit hat. Denk nicht, der Partner müsste nach so vielen Jahren (und schon gar nicht nach weniger davon) schon wissen, was oder wie ich denke. Wir sind Geschöpfe, die so erschaffen wurden, dass wir miteinander kommunizieren müssen und nicht erraten oder gar Gedanken lesen, was oder wie der andere eventuell etwas gemeint haben könnte! Die Denkweisen eines Mannes und einer Frau sind sehr unterschiedlich!

Ich spreche die Dinge immer gerade heraus an, und vor allem dann, wenn sie aktuell sind. Du wirst überrascht sein, wie gut das funktioniert. Sei nicht genervt, wenn deine Frau oder Mann immer wieder die gleichen Fragen stellt oder dir etwas zum hundertsten Mal sagt, denn das ist nun mal die Art und Weise wie Menschen miteinander kommunizieren. Damit kann der andere sicherstellen, dass er oder sie nicht aneinander vorbei kommunizieren.

Ich teile alles mit meinem Partner, nicht nur die materiellen Dinge, die sollten ohnehin beiden zu gleichen Teilen gehören. Wenn der eine viel hat und der andere wenig, dann ist das von nun an, wenn wir eine Gemeinschaft sind, ebenso eins, wie unsere körperliche, seelische und geistige Einheit. Vertrauen auf allen Ebenen; ich darf da nicht differenzieren, denn alles, was im Natürlichen geschieht hat Auswirkungen auf mein Leben, im seelischen wie geistigen Bereich. Das bekräftigt ja eben einen Bund, alles was dein ist, ist mein und alles was mein ist, ist dein.

Als ich durch Jesus Christus einen Bund mit dem himmlischen Vater geschlossen habe, was habe ich da Ihm geben können? Meine Schwächen? Meine sündige Natur? Meine Nöte? Meine Ängste? Und was hat Er mir gegeben? Sein Leben. Seine gerechte Natur. Seine Güte und unendliche Gnade und noch vieles mehr. Waren diese Optionen gerecht verteilt? Bedingungslose Liebe empfängt und gibt alles dem Partner!

Mein Handy gehört mir, da hat mein Mann, meine Frau nichts dran verloren! Wirklich? Und dann wunderst du dich, dass Misstrauen und Verdächtigungen sich in eure Beziehung einschleichen? Was hast du zu verbergen?

Das Wort Gottes sagt, alles muss offenbar werden, auch der Inhalt deines Handys.

Wer ist das Haupt der Familie?

Das Haupt der Familie ist der Mann. Das wichtigste Rezept für eine gute Ehe ist, einander zu respektieren. Soll der Mann ohne Maß über die Familie herrschen? Nein, er soll seine Frau und seine Kinder so lieben, wie Jesus Christus die Gemeinde liebt. Er soll seine Frau respektvoll behandeln und seine Kinder ohne Furcht, streng, jedoch liebevoll erziehen. Der Mann soll die Familie führen, nicht dominieren.

Im Alten Testament war der Mann der Herr im Haus und hatte uneingeschränkte Befugnisse über alle Familienangehörige. Aber das war im Alten Testament und ist leider heute noch in vielen Kulturen und Köpfen so verankert. Sie halten sich immer noch ans Gesetz des Mose, das schon längst nicht mehr für wiedergeborene Gläubige gilt, die im Neuen Testament leben. Denn für Gläubige gilt seit Christus Jesus das Neue Testament und Er hat das Gesetz mit all seinen Forderungen erfüllt. Es ist vollbracht. Denn der Gerechte lebt aus Glauben und nicht durch die Erfüllung des Gesetzes. Ich lebe jetzt nicht mehr unter dem Gesetz, sondern unter der Gnade. Ich bin vom Gesetz halten müssen befreit und habe jetzt nur ein Gesetz durch den Geist Gottes, den Heiligen Geist in mein Herz eingepflanzt bekommen, welches lautet:

„Liebe deinen Gott von ganzem Herzen und deinen Nächsten wie dich selbst."

Wenn der Mann die Frau liebt wie sich selbst, dann ist auch die Frau willig, sich seiner Führung unterzuordnen. Also soll der Mann die Ehefrau nicht beherrschen, sondern so lieben, wie Christus die Gemeinde liebt.

Wer ist das Haupt der Gemeinde?

Jesus Christus ist das Haupt der Gemeinde. Wie hat sich dieses Haupt in die Gemeinde eingegeben? Jesus Christus hat allen gedient. Er hat alle geliebt. Er hat ihre Steuern bezahlt. Er hat sie gespeist. Er hat sie gewaschen, beschützt, geheilt. Er ist für sie in den Tod gegangen, in die Hölle. Er ist auferstanden und nun ruht Er zur Rechten des Vaters.

Gott hat Mann und Frau in Seinem Ebenbild erschaffen. Im Neuen Testament und in der Ehe gibt es keinen Partner der über den anderen herrscht, denn sie sind in Christus ebenbürtig. In der Ehe und in der Familie schaut jeder zuerst auf das Wohl des anderen. Das ist der Dienst, den Jesus uns vorgelebt hat und der in Seinen Augen wohlgefällig ist.

Die Mutter ist das Zentrum der Familie. Es gibt da eine gute Aussage: Geht es Mama gut, geht es der ganzen Familie gut. Wie dumm kannst du sein und deinen Partner schlecht behandeln? Das fällt doch alles auf dich und deine Ehe zurück! Du lebst doch mit diesem Ehepartner zusammen. Also behandle ihn so, wie auch du gerne von ihm behandelt werden möchtest. Das ist übrigens die goldene Regel für eine gut funktionierende Ehe.

Wie nennst du deinen Ehepartner nach zwei Jahren Ehe oder nach zwanzig Jahren oder vierzig Jahren? Benutzt du bei der Anrede seinen Namen oder benutzt du mittlerweile „Kosenamen“ mit einer ironischen oder hausbackenen Bezeichnung? Etwa wie „mein Dickerchen“, „mein Dummerchen“, „meine Alte“, „Mutti“ oder „Vati“, „Papa“ oder „Mama“?

Namen haben aussagekräftige Bedeutungen. Im natürlichen und im übernatürlichen Bereich wird durch sie eine Aussage gemacht. Das ist in der heutigen Gesellschaft viel zu wenig bekannt.

Nehmen wir z. B. den Namen Emanuel, das bedeutet wörtlich: Gott ist mit uns. Stell dir vor, du sprichst jedes Mal, wenn du deinen Sohn oder Ehemann rufst, bewusst seinen Namen aus. Was glaubst du, welch ein Bewusstsein du mit der Zeit bekommst, dass Gott mit dir bzw. mit euch ist? So ein Name kann gewaltige Auswirkungen haben, wenn wir ihn mit dem entsprechenden Respekt und Bewusstsein aussprechen.

Eine Frau möchte auch nach zehn, zwanzig oder dreißig und mehr Jahren Ehe nicht zum Muttchen oder zur Mama ihres Ehemannes verkümmern! Eine Ehefrau ist mehr als die Mutter der Kinder. Sie möchte auch als Frau, als Partnerin, als Geliebte wahrgenommen werden, auch wenn die Kinder groß sind oder nicht mehr im Haus wohnen oder schon Enkel da sind!

Wenn es ein Mann versteht, seine Frau liebevoll zu behandeln, dann wird auch die Frau kein Problem damit haben, ihren Mann zu ehren und gut zu umsorgen. Das gilt natürlich genauso im Umkehrschluss für die Frau. Seinen Mann zu ehren bedeutet nicht, sich von ihm versklaven zu lassen, aber wir Frauen sollen unsere Ehemänner schätzen und dementsprechend gut von ihnen sprechen und sie ebenso gut umsorgen und auch respektieren. Eine Frau hat Gaben und Sichtweisen, die ein Mann nicht besitzt, und ein Mann hat Stärken und Fähigkeiten, die bei einer Frau nicht so ausgeprägt sind. Deshalb sollen sich die beiden immer eins machen in all ihren Entscheidungen und sich immer vorneweg miteinander beraten, denn Gott hat Mann und Frau so erschaffen, dass sie sich gegenseitig harmonisch ergänzen.

Bitte deinen Partner um Rat, denn du musst nicht alles allein durchbeten und wochenlang auf die Eingebung des Heiligen Geistes warten! Entscheidungen können wir für den täglichen Bereich auch durchaus spontan treffen. Hol dir Hilfe für deine Ehe wo immer du sie bekommen kannst. Gott ist ein Gott, der für die Ehe ist, Er wird dich dabei immer unterstützen.

Die Ehe ist die Vereinigung zweier Menschen zu einer Einheit, so entsteht ein Bund. Jesus Christus hat mit mir bzw. für mich einen Bund geschlossen, damit ich mit Gott eine enge Beziehung haben kann. Jesus hat Sein Blut vergossen, denn es gibt kein Bündnisopfer ohne Blutvergießen. Deshalb fließt auch in der Hochzeitsnacht etwas Blut. Diese gleiche enge Beziehung soll ich auch mit meinem Ehepartner haben. Er ist für mich mein intimster Gefährte, mit dem ich über alles reden kann und soll! Nicht die Freundin und schon gar nicht die Nachbarin. Wenn das bei dir nicht so ist, sollten du und dein Partner mal ein ernsthaftes Gespräch miteinander führen.

Wie ich meine Ehe begonnen habe, so kann ich sie nicht weiterführen! Denn eine Ehe muss wachsen. Jeder muss bereit sein, sich verändern lassen zu wollen. Wir sind auch in anderen Bereichen bereit für Veränderung. Wie viel mehr gilt das ebenso für das Wachstum einer Ehe. Ich lerne vom Partner anzunehmen, ich lerne zu empfangen. Ich säe in meine Ehe immer frischen Samen. Ich entwickele Angewohnheiten, Rituale, die wir gern zusammen machen, manche täglich, andere wiederum wöchentlich. Das ist sehr wichtig für eine gesunde Einheit. Ich sage jeden Tag mindestens einmal zu meinem Partner, wie sehr ich ihn liebe oder was ich an ihm schätze. Wir beten jeden Tag gemeinsam mindestens ein Gebet. Wir bieten Gott unsere Liebe dar. Wir bitten ihn um die Stärkung unserer Gemeinschaft und Liebe zu Ihm und zu einander. Wir schaffen jedes Unbehagen aus dem Weg und wenn es noch so geringfügig erscheinen mag! Wir schauen uns in die Augen und öffnen unsere Herzen dabei.

Ich gebe meine Liebe bedingungslos! Jesus Christus hat mich auch bedingungslos angenommen. Wenn ich Bedingungen stelle, dann werden diese wiederum Bedingungen herstellen und der Vater kann dann keine Lösungen bringen, denn ich habe etwas gebunden. Liebe liebt am anderen alles ohne Bedingungen. Diese Liebe lässt den Partner in die tiefsten Tiefen seines Herzens blicken. Jesus Christus schaut auch immer in mein Herz.

Ich gehe in Dankbarkeit und mit Freude zum Liebesspiel über. Gott gibt die besten Inspirationen, denn Er ist der Schöpfer der Liebe. Er ist Liebe pur! Sex ohne Liebe ist wie Speisen ohne Würze. Es ist unbefriedigend, denn nach jedem Hochgefühl kommt das Tal und wenn da keine Liebe ist, wird dieses Tal sehr dürr und traurig aussehen. Ist aber Liebe da, dann wird in diesem Tal immer eine Quelle aufbrechen, die mich aufblühen lässt. Ich fühle mich nicht allein. Sex ohne Liebe ist wie Missbrauch. Der Partner fühlt sich benutzt, ausgenutzt, es kostet ihn seine Energie und seinen Selbstwert und vergrößert seine emotionalen Wunden.

Ich achte darauf, dass unsere Liebe nicht in eine Gleichgültigkeit abdriftet, denn der oder die Geliebte verdient meine ganze Aufmerksamkeit. Ich schau nicht auf die Dinge, die nicht so sind, wie ich sie gerne hätte, sondern lobe und danke Gott dafür, dass das, was ich habe, gut ist und dass das, was ich noch möchte, hervorkommt. Wie viele Ehen gehen daran zugrunde, weil der eine über den anderen schlecht spricht. Auch hier gilt: fluchen zieht Fluch nach sich. Jesus Christus hat zu uns gesagt, vergeltet nicht Scheltwort mit Schimpfwort!

Ich muss den anderen segnen, ihm helfen, unterstützen, ermutigen, ermuntern, auferbauen, anerkennen, lieben, trösten. Dazu sind wir füreinander da und nicht um gegeneinander zu gehen. Die Ehe und auch die Familie müssen ein Refugium sein, wo ich mich von der Unbarmherzigkeit der Welt zurückziehen und erholen kann, mich auftanken kann. Ich muss auch bereit sein, dem anderen zu vergeben, auch wenn er sich mal im Ton vergriffen haben sollte und nicht so reagiert, wie ich es gernhaben würde. Vergebung ist über die Maßen wichtig! Wenn ich immer gleich beleidigt bin, dann liegt der Grund dafür sehr nahe. Ich nehme mich in diesem Bereich noch viel zu wichtig!

„Es tut mir leid, ich hatte Unrecht." So eine Entschuldigung darf gerne mal meinen Stolz brechen und ist weitaus demütiger als zu sagen „Kann schon sein, dass ich falsch lag"!! Hallo??

Ich erwarte nicht, niemals vom Partner enttäuscht zu werden. Menschen sind nicht unfehlbar. Nur einer ist unfehlbar und der lebt durch Jesus Christus in mir. Ich versuche nicht den Menschen zu gefallen. Menschengefälligkeit ist immer mit Enttäuschungen verbunden. Wenn ich mich so annehme, wie Gott mich angenommen hat, dann gefalle ich den Menschen um mich herum automatisch. Ich versuche auch nicht, in meiner Ehe oder Familie erst alle um mich herum zufrieden zu stellen, denn dann bin am Ende nur ich ausgepowert und für niemanden ein Segen. Ich brauche auch nicht meiner Familie die Bibel überzubraten, das ist vergebene Liebesmühe. Sie werden an meinem Beispiel, an meiner positiven Veränderung erkennen, dass ein Leben im Glauben an Jesus Christus für alle zum Nutzen dient.

Wenn meine Beziehung mit Gott stimmt, dann werden das alle um mich herum zu spüren bekommen. Dann ist es auch für mich einfach, in dieser Zufriedenheit und Liebe den anderen zu dienen. Ich investiere regelmäßig Zeit in meine Ehe bzw. Familie. Wir brauchen gemeinsame Aktivitäten mit Spaßfaktor. Legt einen Tag fest, der euch gehört bzw. der Familie und haltet euch daran. Es ist wichtig, dass wir uns auf diesen Tag freuen können, an dem wir miteinander Gemeinschaft haben. Andererseits müssen wir uns auch so viel Flexibilität bewahren, dass, wenn einmal (nur nicht zu häufig) etwas anderes dazwischenkommt, wir nicht gleich am Boden zerstört sind. Das ist insbesondere bei Kindern so, denn sie freuen sich noch mit viel mehr Enthusiasmus als die Erwachsenen.

Tausche Stolz gegen Demut

Streit, Kampf, Missgunst, Bitterkeit und andere Differenzen sind nicht von Gott und wenn ich sie nicht in Ordnung bringe, dann werden sie meine Gebete behindern. Ich kann nicht mit einem guten Bekenntnis das überwinden, was ich mit meinen Handlungen oder Worten zerstört habe. Das ist so wie Wohlstand bekennen, aber nichts geben! Das funktioniert nicht.

1.Petrus Kapitel 3 Vers 10

> **„Denn wer das Leben lieben und gute Tage sehen will, der halte Zunge und Lippen vom Bösen zurück."**

Stolz führt zu Streit. Stolz brachte schon Satan zu Fall. Er wollte seinen selbstsüchtigen Willen durchsetzen. Als er noch Lucifer hieß und der schönste aller Lobpreisengel war, wollte er sich über Gott erheben, doch Gott ließ ihn wie einen Blitz aus dem Himmel werfen, samt seiner aufsässigen Verbündeten. Stolz und Selbstsucht sowie Leute, die immer ihr eigenes Ding tun wollen, verursachen Probleme in allen Bereichen. Ich muss nicht immer das letzte Wort haben. Der Weise weiß, wann er zu schweigen hat. Viele Menschen sollten ein Gefühl dafür entwickeln, zum gegebenen Zeitpunkt zu schweigen und nicht losplappern oder andere endlos zutexten, so wie es ihnen gerade in den Sinn kommt.

Außerdem wird es meinem Stolz ganz guttun, wenn ich das eine oder andere Mal einen Fehler auf mich nehme, auch wenn ich den Streit nicht begonnen oder verursacht habe. Hat Jesus nicht alle Schuld für mich getragen? Hat Er das verdient?

Ich lasse mich überraschen wie Gott mich zum gegebenen Zeitpunkt erhöhen wird, das passiert oft schneller als ich denke. Ich schweige einfach, ich gebe dem Teufel keinen Raum oder keinen Zündstoff. Er kann nur mit einem Gegner streiten, der ihm die Kraft dazu gibt, ehrlich, ich bin doch schlauer als der Teufel. Er hat zwar reichlich Erfahrung wie er meine empfindlichen Knöpfe drücken muss, aber ich habe die Beherrschung meines Herrn Jesus Christus in mir, ich aktiviere sie!

Die Bibel sagt, dass sie den Demütigen zur rechten Zeit erhöht. Gott gefällt es, wenn ich gehorsam bin und Er belohnt mich dafür.

Hier hat ein Tausch stattgefunden!
Stolz gegen Demut.

Tausche destruktive Kommunikation gegen konstruktive Kommunikation

Es ist unvorstellbar wie viele Menschen aneinander vorbei kommunizieren. Sie verstehen das Gesagte völlig falsch oder interpretieren es völlig anders, dabei heißt kommunizieren aufmerksam zuhören.

Viele Menschen müssen wieder lernen, ihrem Gegenüber wirklich aufmerksam zuzuhören. Oft bekommst du den ersten Satz noch mit, den zweiten nur noch halb und den dritten so gut wie gar nicht mehr. Das bringt Unmut hervor und führt zu Missverständnissen.

Ich achte darauf, dass ich konstruktiv kommuniziere!

Ich achte auch auf Kleinigkeiten. Negative Kleinigkeiten haben große Auswirkungen.

Wenn ich beginne „süße" kleine Bemerkungen fallen zu lassen über den Partner oder die Kinder wie:

- na, hast ja ganz schön zugelegt
- bist ja mein Dummerchen
- der Bub hört so schlecht
- das Mädel hat zwei linke Hände
- der Mann ist ja so vergesslich

lege ich damit den Grundstein für die Auswirkungen, die dann später hervorkommen, denn meine Worte haben Kraft und bewirken das wozu sie ausgesandt werden.

Gott hat alles mit Worten erschaffen und ich als Sohn hier auf der Erde bin jetzt mit der gleichen Autorität ausgestattet wie Er.

Meine Worte entscheiden über Leben und Tod, über Segen und Fluch.

Was kann schon passieren, wenn ich so unüberlegte Worte spreche? Das Dickerchen wird übergewichtig. Das Dummerchen wird zur Unfähigkeit verdonnert. Der schlecht Hörende wird taub. Die linken Hände führen zum Versagen, Minderwertigkeit. Der Vergessliche erkrankt an Alzheimer usw. usw.

1.Petrus Kapitel 3 Vers 9

> **„Zahle nicht Böses mit Bösem zurück oder Schimpfwort mit Scheltwort".**

Ich muss vielmehr Segen sprechen. Wenn der eine beginnt den anderen in der Ehe ständig herabzusetzen, dann gelangt man plötzlich an einen Punkt wo es nicht mehr wert ist miteinander zu leben, das berühmte Auseinanderleben ist eingetroffen! Durch die Worte die gesprochen wurden! Wenn ich dagegen Gutes über meinen Partner spreche, dann wird er immer besser. Es stärkt ihn. Demütigt einander nicht! Ermutigt einander!

Ich achte darauf, dass ich dem Teufel keine Tür öffne, ich gebe ihm keinen Raum, weder in der Ehe noch in der Familie. Wie kann ich das verhindern? Durch die Macht des gemeinsamen Gebets. Familien und Ehepartner die gemeinsam beten bleiben zusammen! Ich akzeptiere jeden wie er ist, ich versuche nicht die Familienmitglieder einander anzupassen, jeder ist ein Individuum und hat seine eigenen ganz spezifischen Merkmale und Fähigkeiten.

Gott liebt die Vielfalt, also soll ich sie auch so lieben wie Er sie erschaffen hat, ich bin gnädig. Die Ehe und die Familie ist keine Besserungsanstalt! Ich danke für jeden einzelnen und bitte nicht darum: „Oh Gott, verändere sie." Familie ist ein Ort, wo jeder gern nach Hause kommen soll, weil er so wie er ist angenommen wird, liebevoll und nicht kritisch.

Unser Vater hat „den verlorenen Sohn" auch so aufgenommen wie er war, ohne Wenn und Aber. Ich gebe jedem die Freiheit, die Christus für ihn erkämpft und teuer bezahlt hat.

Ich möchte angenommen sein? Dann nehme ich mich erst mal selbst an! Ich kann nur das weitergeben was ich selbst besitze. Das gilt im Übernatürlichen genauso wie im Natürlichen. Wenn ich nichts habe, kann ich auch nichts geben, so einfach ist das! Ich nehme meinen Nächsten an und liebe meinen Nächsten wie mich selbst. Wie will ich jemanden lieben, wenn ich mich selbst nicht liebe? Und ich noch dies oder das an mir selbst nicht leiden mag?

Gott sagt dir: Du bist mein geliebter Sohn (meine geliebte Tochter), heute habe ich dich gezeugt, in meinem Ebenbild, du bist einmalig und einzigartig, ich habe dich erschaffen und so wie du bist gefällst du mir. Du hast Jesus Christus dein Leben anvertraut und das macht dich für mich zum gleichwertigen Sohn (Tochter) ohne Makel! Wenn ich mir das bewusst mache, kann ich mich so lieben wie mich der Vater liebt.

Ich schätze mein Gegenüber als Persönlichkeit, wenn ich mit ihm ein Gespräch führe, sei das nun mein Chef, meine

Frau, mein Kind oder Enkel oder sonst irgendeine andere Person.

Wie oft werden Kinder oder Jugendliche in unserer Gesellschaft respektlos angesprochen, behandelt oder bedient! Dann braucht sich keiner wundern, wie respektlos sie später Erwachsenen gegenüber sind.

1.Korinther Kapitel 10 Vers 24

> **„Denkt bei allem was ihr tut, nicht nur an euch. Denkt vor allem an die anderen und daran, was für sie gut ist."**

Behandle ich meinen Nächsten gut, dann kommt das auch mir zugute. Segen zieht Segen nach sich.

Ich bin immer bereit zu vergeben, ganz besonders meinen eigenen Hausgenossen! Ein Jünger fragte einmal Jesus Christus, ob es genug sei, siebenmal zu vergeben, worauf Jesus Christus antwortete, das selbst siebzigmal siebenmal nicht ausreichend wäre. Was ich zu Hause nicht auf die Reihe kriege, wie will ich das bei Fremden praktizieren?

Wie oft habe ich schon dafür gebetet und es ist noch immer nichts passiert! Vielleicht zu oft. Lass es einfach los, damit Gott übernehmen kann. Denn was ich binde, das ist auch im Himmel gebunden und Gott kann die Lösung nicht bringen. Sei geduldig, Gott arbeitet an ihnen, nicht du!

Bitte Gott darum, dich vom Joch der Gebundenheit zu lösen. Jesus hat das Joch für dich zerbrochen. Flick es nicht ständig wieder zusammen, indem du andauernd die gleichen Bindungen wiederherstellst von denen du längst gelöst sein solltest (zum Beispiel von deinen Kindern, Eltern, Geschwistern, Großeltern, Hund, Katze usw.). Christus hat mich zur Freiheit befreit und Er hat gesagt mein Joch ist leicht und meine Last ist nicht schwer. Er trägt sie für mich, deshalb bin ich frei davon.

Paulus ruft uns dazu auf: „Soweit es dir möglich ist versuch, mit allen in Frieden zu leben." Dieser Aufruf lässt eindeutig den Rückschluss zu, dass es eben nicht mit allen möglich ist, auch wenn ich mein Bestes gebe. Ich lasse die einfach gehen mit denen ich nicht kann, Gott fügt sie zu einem anderen Zeitpunkt womöglich hinzu.

Kapitel 7

Ehescheidung

1.Korinther Kapitel 7 Vers 10

> **„Was ich jetzt den Verheirateten sage, ist kein persönlicher Rat, sondern ein Gebot unseres Herrn: Keine Frau darf sich von ihrem Mann scheiden lassen."**

Wer verstanden hat, an wen dieser Brief bzw. dieses Gebot adressiert ist, der soll es annehmen.

Als Sohn und Tochter Gottes, hat es für mich **keine Gültigkeit!** Denn Christus hat mich freigekauft vom Gesetz, ich lebe nicht mehr unter dem Gesetz bzw. ich habe noch nie unterm Gesetz gelebt, denn das Gesetz war noch nie für gläubige Söhne und Töchter.

Wenn ich aus Glauben gerecht gemacht worden bin, und das bin ich durch Jesus, dann wird die Gnade in mir ohnehin alles versuchen, damit es nicht soweit kommt. Aber ich soll auch nicht mit dem Ehepartner zusammenbleiben, wenn er mir oder den Kindern mutwillig Schaden in irgendeiner Form zufügt. Wenn ich sehe, dass noch Hoffnung besteht, dann versuche ich ohnehin alles, um die Ehe zu retten.

Im Leib Christi und in der Welt hätten wir mit Sicherheit weitaus weniger Scheidungen, wenn die Emanzipation nicht immer bis Ultimo getrieben würde. Doch wenn der Mann nicht mehr das Gefühl hat der Herr im Haus zu sein, weil die Frau ihm alle Bereiche abnimmt, nach dem Motto ich komme auch gut ohne Mann klar, dann beraubt sie ihn seines Urinstinkts, dem gebraucht werden. Gebraucht zu werden ist für ihn wichtiger als alles andere, aber wenn die Frau das nicht mehr signalisiert, dann wird sich der Mann an einem anderen Ort umschauen, wo er gebraucht wird und dort wird er sich gerne aufhalten und seine Zeit verbringen. Keine noch so hübsche „Konkurrentin" hat eine Chance, wenn die Ehefrau ihren Mann immer wieder lobt und ihm sagt, wie sehr sie ihn schätzt und braucht.

Ist aber eine Ehe voller Zank und Hass, dann ist sie nicht gerade ein Aushängeschild, weder nutzt sie den Ehepartnern noch oder schon gar nicht den Kindern, und auch sonst niemandem.

Wenn einer von beiden auf der Trennung besteht, dann willigt ein, denn Gott will, dass ihr in Frieden lebt. Diese Aussage ist biblisch und du kannst sie im **1.Korinther Brief Kapitel 7 Vers 15** nachlesen.

Also quäl dich nicht unnötig. Was du in jedem Fall in jeder Lage und in jedem Stand beachten und halten sollst ist: unbeirrt nur das eine Ziel zu verfolgen, beim Herrn zu bleiben. Sollte dich daran etwas hindern, dann ist das durch die Führung des Geistes abzuwägen, wie deine Entscheidung ausfällt.

Selbstverständlich handelt es sich hier nicht um irgendwelche körperlichen Begierden, die ich hiermit rechtfertigen will, um den Partner zu wechseln, denn der geisterfüllte Gläubige kann durch die liebende Gnade Gottes über sein Fleisch herrschen, ansonsten ist deine Errettung sehr fragwürdig, wenn du diese Freiheit für dein Fleisch einsetzen wolltest. Diese Entscheidung musst du ganz allein vor Gott rechtfertigen und Er kennt die Gesinnung deines Herzens.

Es ist nicht meine Aufgabe, die Beziehung zwischen meinem Mann (oder sonst irgendeinem Menschen) und Gott zu manipulieren. Ich bin für meine eigene Beziehung mit Gott verantwortlich, nicht für die eines anderen. Gott kümmert sich auch um meine Familie.

Kommt für mich Scheidung nicht in Frage, dann bitte ich Gott immer wieder für den Segen meines Partners und versuche ihm die gleiche Gnade zuteilwerden zu lassen, die ich auch für mich in Anspruch nehme. Wir sind da oft nicht ganz objektiv, aber mit der Geduld und der Kraft des Herrn Jesus Christus habe ich die besten Chancen auf diesem Weg als Sieger hervor zu gehen.

Starke Familie - starke Einheit

Weil starke Familie von Anfang an der Plan Gottes war, ist sie auch so angegriffen und im Blickpunkt der Zerstörung und Desorientierung durch den Teufel wie nie zuvor. Sie ist die stärkste Einheit im Leib Christi.

„Ich bin das Haupt, ihr seid der Leib, jedes Glied ist kostbar und wichtig!“

Die Gemeinde ist die übernatürliche Familie, ich bin von Anfang an auserwählt, zur himmlischen Familie zu gehören. Es ist aber meine Entscheidung, ob ich mich durch Jesus Christus aufnehmen lassen will oder nicht.

Ich kann mich auch freiwillig entscheiden, ob ich Kinder haben möchte oder nicht. Kinder sind ein Segen und ein Geschenk Gottes. Ein Kind ist das wichtigste und kostbarste Geschenk in meinem Leben. Leider haben Kinder keinen besonders hohen Stellenwert in unserer heutigen Gesellschaft. Sie genießen zwar viel Luxus und haben viele Möglichkeiten, aber echte Wertschätzung bekommen sie oft nur selten von den Erwachsenen entgegengebracht. Es ist unsere Aufgabe als Eltern, unseren Kindern echte Werte beizubringen. Durch mein Vorleben zeige ich, dass es sehr wohl einen gütigen Gott gibt, mit dem zu leben es sich lohnt und sogar Freude macht, denn Er sorgt sich um mich und meine Familie. Es ist als Eltern unsere selbstverständliche Pflicht, Segen über unsere Kinder zu sprechen, sie zu ermutigen, aufzuerbauen und zu loben, denn in der Welt da draußen haben sie nur Druck und sie werden zu Hochleistungen gedrillt, die wenig mit Liebe und Freundlichkeit zu tun haben.

Meist sind die Lehrer selbst so frustriert, dass sie nicht viel Positives weitergeben und die Kinder ziemlich niedergeschlagen nach Hause kommen. Wir müssen sie dann als Eltern auffangen können, so wie Jesus Christus uns auffängt, und ihnen wieder Kraft geben. Ich kann mich in meiner Familie immer auf tröstende, helfende Mitglieder verlassen.

Erziehe deine Kinder frei von Manipulation, ohne „Wenn-Dann-Methode". Mama hat dich nur lieb, wenn ... Das verursacht nur Druck und Gefühle der Verdammnis im Kind, weil es das Wenn-Dann nicht erfüllen kann oder will. Kannst du dein Kind als Teilhaber deiner Verheißung sehen, hat es bei dir diesen Stand, diese Wertschätzung? Oder ist es ja nur ein Kind? Kinder sind uns auf Zeit geliehen, sie sind nicht unser Eigentum. Ich binde nicht was Jesus Christus zur Freiheit befreit hat. Vater und Mutter zu ehren bedeutet nicht, ein Leben lang ihre Leibeigenen zu sein. Ich stärke mein Kind mit viel Lob und Vertrauen, ich beziehe es früh in alle Tagesabläufe mit ein, dass stärkt sein Selbstbewusstsein. Ich baue auch seinen Geist und gebe ihm auch täglich von der himmlischen Speise, das ist das Wort Gottes. Kinder suchen immer instinktiv die Berührung mit dem Geist.

Ich möchte an dieser Stelle ein Ereignis erzählen, dass sich vor einigen Jahren während eines Praktikums meiner Tochter ereignet hat. Ein vierjähriges Mädchen kam zu meiner Tochter, die als Praktikantin für Erzieher im Kindergarten tätig war, und erzählte ihr, dass Jesus Christus in der Nacht zu ihrem Bett kam. Sie hatte nämlich eine sehr starke Augenentzündung, so dass sie durch die verklebten Augen nichts mehr sehen konnte und Jesus Christus hat ihre Augen wieder heil gemacht. Dann fügte sie noch ganz beiläufig hinzu, dass sie das deshalb ihr erzählen würde, weil sie wüsste, dass sie (also meine Tochter) es ihr glauben würde.

Kleinkinder sehen die Lichtgestalt hinter dem Menschen. Kinder ruhen in sich, in ihrer eigenen Welt, wo es noch keine Furcht gibt. Erziehe deine Kinder ohne dumme Furchtsprüche. Und lass nicht zu, dass die Welt sie umerzieht.

Eine weitere Begebenheit fand ebenso in einem Kindergarten statt und ist deshalb so übernatürlich, weil, wie jeder Erzieher weiß, malen Kinder im Kleinkindalter einfach so drauf los, ohne sich zu erklären was es darstellt. Und schon gar nicht mit dreieinhalb Jahren. Aber dieses Mädchen malte ein Bild und brachte es meiner Tochter. Sie lobte es und sagte, dass es sehr schön sei. Dann fragte das kleine Mädchen sie, ob sie denn nicht wissen wolle, was sie gemalt hat. Meine Tochter war ziemlich überrascht und fragte sie dann, was sie denn gemalt habe. Nur zur kurzen Erklärung was ein Erwachsener darauf eventuell erkennen könnte, es war eine Art Indianerkopfschmuck mit sehr bunten „Federn". Das kleine Mädchen antwortete: „Das ist dein schöner Geist, den ich sehe."

Nun soviel dazu, was Kleinkinder noch alles aus ihrem Geist sehen bevor sie von der Welt leider umerzogen oder sollte ich besser sagen verbogen und verlogen werden?

Ich erziehe meine Kinder in der Wahrheit. Ich erzähle ihnen nicht Märchen und traditionell geprägte Legenden, die angeblich aus der Bibel stammen. Denn der Weihnachtsbaum mit dem Babychristkindl und der Osterhase mit dem

Fruchtbarkeits-Ei und der Nikolaus mit dem Knecht Ruprecht haben ihren Ursprung nicht aus der Bibel. Wenn ich da schon anfange und mit der Welt mitmache, weil's doch so schön ist, dann brauche ich mich nicht wundern, wenn ich die Wahrheit irgendwann nicht mehr so wichtig nehme und auch meine Kinder nicht.

Eltern sind das einprägsamste Vorbild, also lebe ich ihnen ein vorbildliches Leben vor. Das geht ganz einfach. Ich folge dem Beispiel Jesu, Er hat den Weg geebnet. Er sagt, wer mir nachfolgt aus dessen Innersten werden Ströme lebendigen Wassers fließen. Der Fluss des Wassers ist immer die Führung des Heiligen Geistes, er führt mich in die ganze Wahrheit.

Großeltern - ein Segen

Großeltern sind ein wichtiger Teil der Familie. Sie ergänzen sich mit den Enkelkindern wunderbar. Sie dienen einander zum Segen. Kinder spüren die Reife und die Geduld der Großeltern. Großeltern haben etwas Kostbares in dieser schnelllebigen Welt: sie haben Zeit. Wie spreche ich vor meinen Kindern über Oma und Opa?

Kinder hören aufmerksamer zu als wir denken. Es ist daher außerordentlich wichtig, dass ich respektvoll über sie spreche, auch wenn ich das eine oder andere nicht so sehen oder verstehen kann, wie oder warum sie etwas anders tun als ich es vielleicht gerne hätte.

Das ist im Übrigen das Privileg der Großeltern, bestimmte Dinge anders tun zu dürfen, auch anders mit den Enkeln umzugehen, nämlich gelassener als die Eltern. Kinder sind ja oft deshalb so gerne bei den Großeltern, weil sie wissen, dass sie bei ihnen so einiges dürfen, was bei Mama oder Papa nicht erlaubt ist oder wozu Mama oder Papa keine Zeit haben. Lernen wir rücksichtsvoll und gelassen miteinander umzugehen. Das macht unsere Gemeinschaft miteinander viel entspannter.

Es ist so wichtig, dass Kleinkinder mitbekommen, Frühstück kann auch was anderes sein als das Marmeladenbrot von Mama. Das Haus von Oma sieht innen ganz anders aus als das von uns daheim. Opa macht so interessante Arbeiten im Garten und ich darf mithelfen. Der Spielplatz hat ganz andere Geräte als bei uns um die Ecke. Das Geschäft wo Oma einkauft ist viel kleiner als das wo Mama hingeht usw., usw.

Das nennt sich Horizonterweiterung und ist unermesslich wichtig für das kleine Gehirn deines Enkels.

Kinder genießen es, dies alles mit Oma und Opa miterleben zu dürfen und dass sie alles viel langsamer machen als Mama und Papa, das nennt man heute perfect matching.

Übrigens segnet Gott die Großeltern mit dieser gemeinsamen Zeit mit den Enkeln ebenso, denn sie freuen sich dann schon auf diese Stunden, diesen Tag oder Tage mit ihnen. Es ist eine willkommene Abwechslung in ihren Tagesabläufen und solange alles mit Maß und Ziel gehandhabt wird, ist diese gemeinsame Zeit ein Segen.

Und da Segen Segen nach sich zieht, ist es oft auch mal für die Eltern schön, einen Abend oder ein paar Stunden für sich zu haben.

Wenn es um die Freizeitgestaltung mit der Familie geht, brauche ich gute Pläne, denn verschiedene Altersgruppen unter einen Hut zu bringen ist oft nicht ganz so einfach. Aber auch hier gibt es gute Lösungen. Vielleicht müssen an einem Wochenende oder Ferientag die Wünsche der einen und an einem anderen eben die Wünsche der anderen berücksichtigt werden. Das tut dem Ego ganz gut zu lernen, dass es nicht nur ihn auf der Welt gibt. Für Jugendliche ist das ein echt harter Lernprozess, aber so ist das nun mal im Leben.

Wir müssen immer wieder Zeit und Liebe in unsere Heime, Ehen, Familien, Kinder und Eltern investieren. Es ist so wichtig, liebevoll mit unserem Gegenüber umzugehen. Es ist oft nur eine Entscheidung, nicht einmal so sehr ein Gefühl. Ob ich ihn mag oder nicht ist da eher zweitrangig. Kann ich ihn so annehmen wie er ist oder versuche ich, noch etwas an ihm zu „verbessern" bzw. zu manipulieren? Wenn ich noch versuche, jemanden zu „verbessern", dann kann ich nicht sehen, dass er in Ordnung ist, so wie er ist. Doch er ist in Ordnung, nur du kannst ihn so wie er ist nicht akzeptieren und das ist dein Problem und nicht seins.

Jesus Christus hat zu uns gesagt: **„Liebe deinen Nächsten wie dich selbst."** Überleg einmal, wie großzügig du über deine kleinen und manchmal auch großen Fehler hinwegsiehst, wie schnell und leicht du doch bereit bist, dir selbst zu vergeben. Oder trifft das nur bei mir zu?

Jesus Christus ist noch weitergegangen, Er sagt: **„Liebe deine Feinde!"** Ich muss ihn nicht gleich umarmen oder küssen, aber Gottes Gnade befähigt mich sehr wohl, für diesen Menschen zu beten und meine Einstellung zu dieser Person zu verändern, damit ich ihr oder ihm dann vielleicht zu einem späteren Zeitpunkt wirklich vergeben kann. Alles ist möglich dem der glaubt. Ob Partnerschaft, Ehe oder Familie, wie gut und ob sie funktioniert, hängt immer vom gleichen Prinzip ab: Saat und Ernte, ich werde haben was ich spreche und ernten was ich säe. Ich empfehle dir säe Segen, denn Segen zieht Segen nach sich!

Und ob ich nun all diese Anregungen für mein Leben mit Jesus Christus annehme und mich auf diesen großartigen Tausch einlasse, wird in meinem Leben einen gewaltigen Unterschied ausmachen.

**Gebet zum Empfang des neuen Lebens:
Römer 10 : Vers 9 und 10**

Sprich dieses Gebet bitte laut hörbar.

Herr Jesus, ich danke dir, dass du auf diese Welt gekommen bist, um mich zu erlösen. Ich glaube in meinem Herzen und bekenne mit meinem Munde, dass du der Sohn Gottes bist, für meine Sünden gestorben bist und am dritten Tage von den Toten auferstanden bist. Ich bitte dich jetzt, komm in mein Herz und sei von nun an Herr meines Lebens.

Danke, dass du dieses Gebet gesprochen hast, jetzt bist du „von oben wiedergeboren", eine neue Schöpfung. Jetzt ist deine alte gefallene Natur ausgetauscht und du bist nun mit dem Geist Gottes erfüllt. Du gehörst jetzt zur himmlischen Familie.

Du bist erlöst und gehst nach deinem Erdenleben heim zu deinem Vater in den Himmel. Dies ist sicher und du bist jetzt frei von jeder Schuld, die du jemals begangen hast und frei von jeder Schuld, die du noch begehen könntest, aus Gottes Gnade.

Du hast dein altes Leben gegen ein völlig neues, übernatürliches Leben ausgetauscht.

2.Korinther 5:17

> **„Wenn jemand in Christus ist, dann ist er eine neue Schöpfung: Das Alte ist vergangen, Neues ist geworden."**

Ernähre dich nun mit dem himmlischen Brot, welches das Wort Gottes ist.

> **Matthäus 4:4**
> **„Der Mensch lebt nicht nur vom Brot, sondern von jedem Wort, das aus Gottes Mund kommt."**

Und du wirst wachsen und wachsen und wachsen. Und dir werden wunderbare Dinge kundgetan, von denen du nicht einmal zu träumen gewagt hast.

Alles Gute für deinen neuen Weg mit Jesus Christus wünsche ich dir.

Gabriella Kranke

Solltest du noch Fragen oder Anregungen haben, kannst du mir gerne eine E-Mail schicken:
gabi.kranke62@web.de

Leben spendende Worte

Sprüche 4:20
Mein Sohn, auf meine Worte achte, meinen Reden neige dein Ohr zu! Lass sie nicht aus deinen Augen weichen, bewahre sie im Innern deines Herzens! Denn Leben sind sie denen, die sie finden, und Heilung für ihr ganzes Fleisch. Mehr als alles andere aber behüte dein Herz! Denn in ihm entspringt die Quelle des Lebens.

Matthäus 4:4
Jesus Christus spricht: Der Mensch lebt nicht vom Brot allein, sondern von jedem Wort, das durch den Mund Gottes ausgeht.

Jesaja 55:11
Mein Wort, das aus meinem Mund hervorgeht, es kehrt nicht leer zu mir zurück, sondern es richtet aus, was mir gefällt und führt aus, wozu ich es gesandt habe.

Hebräer 4:12
Denn das Wort Gottes ist lebendig und wirksam, schärfer als jedes zweischneidige Schwert und durchdringend bis zur Scheidung von Seele und Geist, sowohl der Gelenke als auch des Markes und es ist ein Richter der Gedanken und Gesinnungen des Herzens.

Johannes 6:35
Jesus Christus spricht zu mir: Ich bin das Brot des Lebens. Wer zu mir kommt, wird nicht hungern, und wer an mich glaubt, wird nie mehr dürsten.

Johannes 1:4
In mir ist das Leben, das Leben ist das Licht für die Menschen, das Licht scheint in der Finsternis und die Finsternis hat es nicht erfasst.

Johannes 3:16
Denn Gott hat der Welt seine Liebe dadurch gezeigt, dass er seinen einzigen Sohn für sie hergab, damit jeder, der an ihn glaubt, das ewige Leben hat und nicht verloren geht.

Kolosser 2:9
Christus lebt in mir, deshalb habe ich Anteil an seiner Fülle, weil ich mit ihm verbunden bin.

Römer 5:21
Aus Gnade habe ich Zugang zu Gottes Gerechtigkeit erhalten und somit zum ewigen Leben durch Jesus Christus meinem Herrn.

Johannes 6:35
Ich bin das Brot des Lebens. Wer zu mir kommt, wird nie mehr hungrig sein, und wer an mich glaubt, wird nie mehr Durst haben.

Licht spendende Worte

1.Petrus 2:10
Ich lobe und preise meinen Herrn Jesus, der mich aus der Finsternis in Sein wunderbares Licht berufen hat.

Johannes 8:12
Ich bin das Licht für die Welt. Wer mir nachfolgt irrt nicht mehr in der Finsternis, sondern folgt dem Licht, das ihn zum Leben führt.

Philipper 2:14
Bei allem was ich tue, halte ich mich fern von Nörgeleien und Zweifel. Als Kind Gottes leuchte ich wie ein Stern in dieser dunklen Welt.

2.Korinther 4:6-7
Dein Licht erhellt mein Herz, durch mich erkennen alle Menschen Gottes Herrlichkeit, die in Jesus Christus erstrahlt. Diesen kostbaren Schatz trage ich in mir, obwohl ich nur ein zerbrechliches Gefäß bin. So erkennt jeder, dass die außerordentliche Kraft, die in mir wirkt, von Gott kommt und nicht von mir selbst.

Kolosser 1:13-14
Ich habe jetzt schon Anteil am Erbe der Heiligen im Licht erhalten, ich bin aus dem Machtbereich der Finsternis versetzt in das Reich des Sohnes der Liebe. In Ihm bin ich erlöst und mir ist vergeben.

Matthäus 5:16

Mein Licht leuchtet vor den Menschen, sie preisen den Vater, weil sie meine guten Werke sehen.

Herrlichkeit spendende Worte

Hebräer 1:3
Ich bin der Ausdruck der Herrlichkeit Gottes und der Abdruck Seines Wesens und trage alle Dinge durch die Macht des Wortes.

2.Korinther 3:18
Ich stehe mit unverhülltem Angesicht vor Gott und spiegle Seine Herrlichkeit wider. Der Herr verändert mich durch Seinen Geist, damit ich Ihm immer ähnlicher bin und immer mehr Anteil an Seiner Herrlichkeit habe.

Johannes 14:13
Weil ich in Jesu Namen bitte, werde ich erhalten worum ich bitte, damit durch mich der Vater verherrlicht wird.

Philipper 4:19
Mein Gott aber gibt mir alles was ich zum Leben brauche, nach Seinem Reichtum in Herrlichkeit in Christus Jesus Christus (vollständig versorgen, restlos zufrieden stellen).

Hebräer 1:3
Der Sohn ist das vollkommene Abbild von Gottes Herrlichkeit, der unverfälschte Ausdruck seines Wesens.

Jakobus 2:1
Ich glaube an Christus, meinen Herrn, dem alle Macht und Herrlichkeit gehören.

Johannes 17:22

Die Herrlichkeit, die du mir gegeben hast, habe ich nun auch ihnen gegeben, damit sie eins sind, so wie wir eins sind.

Gesundheit spendende Worte

1.Petrus 2:24
Jesus Christus hat meine Sünden an seinem Leib an das Holz getragen, damit ich, den Sünden abgestorben, der Gerechtigkeit lebe, durch dessen Striemen ich geheilt worden bin.

Matthäus 8:17
Er selbst hat meine Leiden auf sich genommen, er hat meine Krankheiten getragen.

Apostelgeschichte 3:16
Der Glaube, den Jesus in mir weckt, macht mich vollständig gesund.

Apostelgeschichte 4:10
Die Kraft die in dem Namen Jesus Christus steckt bewirkt, dass ich gesund werde und bleibe.

Lukas 9:2
Er sendet mich aus mit dem Auftrag, die Botschaft vom Reich Gottes zu verkünden und die Kranken gesund zu machen, in Jesu Namen.

Psalm 107:20
Er schickt mir sein befreiendes Wort und heilt mich, er rettet mich aus der Grube.

Im Abendmahl liegt die Kraft für Heilung.

Das Abendmahl

Feiere täglich das Abendmahl, denn darin liegt eine heilende Kraft.

Iss das Brot im Gedenken an den gebrochenen Leib Christi, damit dein Leib heil und gesund ist und bleibt.

Trink den Wein im Gedenken an Sein Blut, damit du reingewaschen bist, von jeder Schuld. Gott hält Seinen Blutsbund mit all Seinen Verheißungen und Segnungen.

Kraft spendende Worte

2.Timotheus 1:7
Gott hat mir keinen Geist der Furcht gegeben, sondern einen Geist der Kraft, der Liebe und der Besonnenheit.

Philipper 4:13
Alles kann ich durch Christus, der mir Kraft und Stärke gibt.

Galater 5:25
Durch Gottes Geist habe ich ein neues Leben, darum führe ich jetzt ein Leben in der Kraft des Geistes.

Apostelgeschichte 1:8
Der Heilige Geist hat mich mit seiner Kraft ausgerüstet, deshalb kann ich ihn bezeugen.

Römer 1:16
Das Evangelium ist die Kraft Gottes, die mir, weil ich glaube, Rettung bringt.

Römer 15:19
Gott bestätigt meinen Glauben mit der Kraft seines Geistes, indem er machtvolle Wunder und außergewöhnliche Dinge geschehen lässt.

2.Korinther 12:9
Gottes Kraft kommt gerade in meiner Schwachheit zur vollen Auswirkung.

2.Korinther 13:4
Durch Gottes Kraft habe ich Anteil an Christi Leben.

Frieden spendende Worte

Johannes 14:27
Frieden lasse ich dir, meinen Frieden gebe ich dir, nicht wie die Welt gibt, gebe ich dir. Mein Herz ist nicht bestürzt und auch nicht ängstlich (nicht beunruhigt, nicht aufgewühlt).

Johannes 16:33
Dies habe ich zu dir geredet, damit du in mir vollkommenen Frieden hast. In der Welt hast du Bedrängnis, aber sei guten Mutes, denn ich habe die Welt überwunden.

Philipper 4:6-7
Ich fürchte mich nicht und mache mir keine Sorgen. Ich bringe meine Anliegen mit Gebet und Danksagung vor Gott und der Friede Gottes, der allen Verstand übersteigt, bewahrt mein Herz und meine Gedanken in Christus Jesus.

2.Timotheus 2:22
Mein Ziel ist es ein Leben zu führen, das von Gerechtigkeit, Glauben, Liebe und Frieden erfüllt ist.

Epheser 2:14
Christus selbst ist mein Frieden, er hat die Mauer niedergerissen, die mich von Gott getrennt hat.

Epheser 4:3
Ich setze alles daran die Einheit zu bewahren, die Gottes Geist mir schenkt, sein Friede ist das Band, das uns zusammenhält.

Kolosser 3:15
Der Friede Gottes der von Christus kommt regiert mein Herz und alles was ich tue. Als Glied eines Leibes bin ich dazu berufen, miteinander in diesem Frieden zu leben. Und ich bin voller Dankbarkeit gegenüber Gott.

2.Thessalonicher3:16
Er selbst, der Herr des Friedens, gibt mir immer und auf jede erdenkliche Weise seinen Frieden.

Hebräer 12:14
Ich bemühe mich mit ganzer Kraft um Frieden mit jedermann und richte mich in allem nach Gottes Willen.

Jakobus 3:18
Die Früchte die vor Gott bestehen können wachsen dort, wo Friedensstifter eine Saat des Friedens säen.

1.Petrus 3:10,11
Weil ich mich am Leben freuen und glückliche Tage sehen will, setze ich mich mit ganzer Kraft dafür ein, den Frieden zu bewahren.

Matthäus 11:29
Ich gebe dir Ruhe. Nimm mein Joch auf dich und lerne von mir! Denn ich bin sanftmütig und von Herzen demütig und du findest Ruhe für deine Seele, denn mein Joch ist sanft und meine Last ist leicht.

Freude spendende Worte

Psalm 37:4
Ich habe meine Lust am Herrn. Er gibt mir was mein Herz begehrt!

Philipper 4:4
Ich freue mich Tag für Tag, dass ich zum Herrn gehöre und abermals sage ich: Ich freue mich!

Johannes 15:11
Weil ich in der Liebe meines Vaters bleibe erfüllt mich seine Freude, ja dann ist meine Freude vollkommen.

Römer 15:13
Gott ist die Quelle aller Hoffnung, er schenkt mir in meinem Glauben Freude und Frieden.

Galater 5:22
Die Frucht, die der Geist Gottes hervorbringt ist Liebe, Freude, Frieden, Geduld, Freundlichkeit, Güte, Treue, Rücksichtnahme und Selbstbeherrschung.

Hebräer 13:17
Ich verhalte mich so, dass mein Hirte Freude daran hat, wie ich meine Aufgaben verrichte.

1.Petrus 1:8
Weil ich glaube, dass Jesus lebt, obwohl ich ihn noch nicht sehen kann, erfüllt mich schon jetzt eine überwältigende Freude, eine Freude, die die künftige Herrlichkeit widerspiegelt.

3.Johannes 1:4

Gott hat die größte Freude an mir, weil ich so lebe wie es der Wahrheit entspricht.

Liebe spendende Worte

Römer 5:5
Die Liebe Gottes ist in mein Herz ausgegossen durch die Erfüllung des Heiligen Geistes in mir.

1.Johannes 4:16
Ich habe die Liebe Gottes erkannt und geglaubt, die Gott zu mir hat. Gott ist Liebe. Wer in der Liebe bleibt, der bleibt in Gott und Gott in ihm.

1.Johannes 3:16
Ich gebe mein Leben für meine Geschwister hin, so wie Jesus Christus Sein Leben für mich hingegeben hat. Ich liebe mit Taten und Gaben die von Herzen kommen.

1.Petrus 4:8
Vor allem aber bringe ich meinen Geschwistern gegenüber eine tiefe und herzliche Liebe entgegen, denn die Liebe deckt viele Sünden zu.

1.Johannes 2:5
Weil ich mich nach Gottes Wort richte, deshalb hat mich die Liebe Gottes von Grund auf erneuert. Und daran erkenne ich, dass ich mit Gott verbunden bin.

1.Johannes 3:5
Seht doch, wie groß die Liebe ist, die der Vater uns gegeben hat: Kinder Gottes dürfen wir uns nennen, und wir sind es tatsächlich!

1.Johannes 4:19

Der tiefste Grund für meine Zuversicht liegt in Gottes Liebe zu mir. Ich liebe, weil er mich zuerst geliebt hat.

Wohlstand bringende Worte

Matthäus 6:33
Trachte zuerst nach meinem Königreich und nach meiner Gerechtigkeit und alles andere werde ich dir hinzufügen.

2.Korinther 9:7
Jeder entscheidet für sich selbst wieviel er geben möchte, Hauptsache du gibst es mit einem fröhlichen Herzen.

Matthäus 10:42
Wer seinem Mitbruder Gutes tut, das versichere ich dir, der wird seinen Lohn erhalten, einfach weil er mein Jünger ist.

Hebräer 6:10
Gott vergisst nicht, was du den Gläubigen Gutes getan hast, in Taten aus Liebe zum Herrn.

Markus 4:8
Säe in guten Boden, das heißt in den Leib Christi, dahin, wo du gute geistige Nahrung erhältst, nicht in die Welt, und du erhältst Frucht, dreißig, sechzig, hundertfältig zurück.

Epheser 6:2
Ehre deinen Vater und deine Mutter, dann wird es dir gut gehen, und du wirst lange auf dieser Erde leben.

Diese Leben spendenden Worte wirken sich auf alle Bereiche deines Lebens aus, denn sie entspringen aus dem Geist, dem Wort Gottes.

Wenn du sie regelmäßig laut hörbar aussprichst je nach Bedarf deiner Situation, dann wird in deinem zukünftigen Leben jede Niederlage zu einem Sieg ausgetauscht.

Danksagung

Für das Zustandekommen dieses Buches möchte ich gerne einem ganz lieben Menschen meinen herzlichsten Dank aussprechen, denn ohne ihre Hilfe wäre ich nicht in der Lage gewesen, die technischen und gestalterischen Hürden zu überwinden.

Liebe Ute, vielen Dank für die unzähligen Stunden, die du mit mir am Computer verbracht hast. Auch wenn es dir Freude bereitet hat, möchte ich hier zum Ausdruck bringen, dass ich dir dafür sehr dankbar bin. Du warst immer sehr geduldig und hast dich mit vielen guten Ideen eingebracht. Die Gestaltung des Textes lag dir besonders am Herzen, damit am Ende alles angenehm fürs Auge zum Lesen sei. Die Zusammenarbeit mit dir war eine Bereicherung für mich. Vielen herzlichen Dank.

Danken möchte ich auch dem Bruder meines Schwiegersohnes, Bahis Delawery, der mir in göttlich gefügter Zusammenarbeit innerhalb nur weniger Stunden dieses wunderschöne Cover in einem sehr ansprechenden Design entworfen hat. Dein gestalterisches Talent war für mich eine große Freude.

Danke sagen möchte ich auch meinen Zuhörern und Korrekturlesern, die mich immer wieder auf die eine oder andere Weise unterstützt haben, danke Herbert und Hedwig, danke Katharina, danke Fredy.

Danken möchte ich auch dem Heiligen Geist, der mich inspiriert hat, dieses Buch zu schreiben und der mir die schöne Gabe des Schreibens in die Wiege gelegt hat, die ich nie für selbstverständlich erachtet habe.

Weitere Bücher von Gabriella Kranke:

- **Das bin ich in der Bibel.**

  Herrschaft über mein Leben

  110 gebundene Seiten

  ISBN 978 3 86870 968 1

- **Ein neuer Tag – jeden Tag**

  Frühstück für den Geist

  194 gebundene Seiten

  365 Andachten

  ISBN 978 3 96103 184 9